C.H.BECK WISSEN

Wie funktionieren Gesellschaften? Gibt es kollektives Handeln? Und wie kann ein freies Individuum zugleich Teil einer Gesellschaft sein? Wie entsteht Entfremdung und was bedeutet Macht? Rahel Jaeggi und Robin Celikates geben eine fundierte und allgemeinverständliche Einführung in die Fragen, Grundbegriffe und Argumentationsweisen der Sozialphilosophie. Zugleich bieten sie einen Überblick über die Geschichte und die wichtigsten Positionen der Disziplin.

Rahel Jaeggi ist Professorin für Praktische Philosophie und Sozialphilosophie an der Humboldt-Universität zu Berlin.

Robin Celikates ist Associate Professor für Politische Philosophie und Sozialphilosophie an der Universität von Amsterdam.

Rahel Jaeggi/Robin Celikates

SOZIALPHILOSOPHIE

Eine Einführung

Verlag C.H.Beck

Philosophische Einführungen
in der Reihe C.H.Beck Wissen

Otfried Höffe: Ethik
Klaus Kornwachs: Philosophie der Technik
Albert Newen: Philosophie des Geistes
Dietmar von der Pfordten: Rechtsphilosophie
Christof Rapp: Metaphysik
Norman Sieroka: Philosophie der Physik
Pirmin Stekeler-Weithofer: Sprachphilosophie
Holm Tetens: Wissenschaftstheorie

Weitere Bände in Vorbereitung

Originalausgabe

Satz, Druck und Bindung: Druckerei C.H.Beck, Nördlingen
Umschlagentwurf: Uwe Göbel
Printed in Germany
ISBN 978 3 406 64056 8

www.chbeck.de

Inhalt

I. Was ist Sozialphilosophie?

Der Mensch ist im wörtlichsten Sinn ein zoon politikon,
nicht nur ein geselliges Tier, sondern ein Tier,
das nur in Gesellschaft sich vereinzeln kann.
Karl Marx

Auf den ersten Blick erscheint die Antwort auf die Frage, was Sozialphilosophie ist, ganz einfach: Sozialphilosophie ist diejenige Teildisziplin der Philosophie, die sich mit dem Sozialen befasst, die nach der Gestalt unserer sozialen Praktiken und Institutionen, also nach unserer gesellschaftlichen Lebensform fragt. Auf welche Weise aber tut sie das? In welcher Hinsicht fragt sie nach «dem Sozialen», was versteht sie darunter und wie unterscheidet sie sich dabei von anderen Teildisziplinen der Philosophie oder gar von anderen Wissenschaften wie der Soziologie, die einen ähnlichen Gegenstandsbereich haben? In erster Annäherung lässt sich Sozialphilosophie als das philosophische Projekt charakterisieren, das die Gesellschaft zugleich evaluativ und analytisch zu erfassen sucht. Die kritische Reflexion auf die Strukturen der sozialen Wirklichkeit soll also mit deren sozialtheoretischer und sozialontologischer Durchdringung kombiniert werden. Ein genaueres Verständnis dieser ersten, noch recht abstrakten Bestimmung lässt sich anhand von zwei Beispielen gewinnen, die zeigen, welche Art von auch zeitdiagnostisch relevanten Fragen eine so verstandene sozialphilosophische Perspektive aufzuwerfen erlaubt.

Die sozialphilosophische Perspektive

Eines der meistdiskutierten Probleme unserer modernen Gesellschaften ist das der Arbeit, oder konkreter: das Schicksal einer «Arbeitsgesellschaft, der die Arbeit ausgegangen ist» (Arendt 1958a, S. 13) und die gleichzeitig vor der Herausforderung steht, Arbeit unter veränderten Bedingungen neu zu definieren. Von der Frage eines Mindestlohns über die nach dem Umgang mit dauerhafter Arbeitslosigkeit bis zur Wochenarbeitszeit und der Anrechnung von Sozialversicherungszeiten steht Arbeit im Mittelpunkt teilweise erbittert geführter gesellschaftspolitischer Debatten.

Nun kann man sich diesem Thema *soziologisch* widmen, indem man beispielsweise die Veränderungen der Arbeitswelt unter den Bedingungen der digitalen Revolution oder des Neoliberalismus untersucht. Und man kann *politikwissenschaftlich* Möglichkeiten der Transformation von Versicherungssystemen prüfen. Ein *sozialphilosophischer* Zugang unterscheidet sich von diesen Ansätzen zunächst, indem er sich mit der Thematik nicht nur in deskriptiver, also beschreibender Hinsicht auseinandersetzt, sondern auch in normativer, bewertender sowie in analytischer und sozialontologischer Hinsicht. Die Sozialphilosophie stellt also nicht nur die Frage, wie zeitgenössische Arbeitsverhältnisse verfasst sind oder wie die Individuen sich (empirisch) zu ihrer Arbeit verhalten; sie fragt auch begrifflich und evaluativ danach, was Arbeit und die durch sie geprägten sozialen Verhältnisse eigentlich *sind* und wie die gesellschaftliche Organisation von Arbeit verfasst sein *sollte*.

Schwieriger ist es, den sozialphilosophischen Zugriff von dem anderer Teildisziplinen der praktischen Philosophie abzugrenzen. Die praktische Philosophie, zu der neben der Sozialphilosophie auch die Moralphilosophie und die Politische Philosophie gehören, ist insgesamt derjenige Teil der Philosophie, der sich mit der Frage befasst, *was wir tun sollen* (und warum). Diesen normativen Fokus teilt die Sozialphilosophie mit den anderen genannten Disziplinen. Nun lässt sich aus der am individuellen Handeln ausgerichteten Perspektive der *Moralphilosophie* möglicherweise die Entwürdigung der Beschäftigten in bestimmten Arbeitsverhältnissen brandmarken. Und aus der an gerechtigkeitstheoretischen Fragen orientierten Perspektive der (zeitgenössischen) *Politischen Philosophie* ließe sich die Frage stellen, welche Entlohnung als angemessen gelten kann, aber auch, ob es ein Recht auf ein bedingungsloses Grundeinkommen gibt.

Danach allerdings, was sinnvolle oder nichtentfremdete Arbeit sein könnte, wird aus diesen Perspektiven kaum je gefragt (vgl. Rössler 2012). Arbeit kann aber nicht nur ungerecht verteilt oder entwürdigend, sondern auch entfremdet sein. Gerade die Unterscheidung von sinnvoller und entfremdeter Arbeit gehört zu den charakteristischen Fragestellungen der Sozialphilosophie. Diese analysiert Arbeit als eine *soziale Institution* und ein in *sozialen Praktiken* – genauer: in arbeitsteiligen, institutionell vermittelten Kooperationszusammenhängen – realisiertes spezifisch menschliches Vermögen. Dabei nimmt sie zum einen die Weisen in den Blick, in denen ein gelingendes individuelles und kollektives Leben von der Gestalt dieser Institutionen und Praktiken abhängig ist, und damit die spezifische Integrationsfunktion der Arbeit in modernen Gesellschaften. Zum anderen untersucht sie die möglichen «Pathologien» der Arbeit – also jene problematischen Aspekte des modernen Arbeitsprozesses, die sich subjektiv etwa in Entfremdungserfahrungen und im Leiden an erzwungener Flexibilisierung ausdrücken, objektiv in den Krisen und Dysfunktionalitäten gesellschaftlicher Institutionen (vgl. auch Smith/Deranty 2012). Ob es etwa ein «Recht auf Arbeit» gibt oder nicht, ist dann weniger eine Frage individueller Rechte und Ansprüche. Vielmehr ist es ein Problem, das sich nur beantworten lässt unter Rückgriff auf ein bestimmtes Verständnis von Arbeit als Medium sozialer Kooperation, eine bestimmte Auffassung von Gesellschaft als sozialem Kooperationsverhältnis und die Analyse der Schwierigkeiten, die sich so an den «Schnittstellen zwischen Individuen und Gesellschaft» ergeben können.

Ein zweites für unsere Gesellschaft drängendes Problem ist die Kommodifizierung, also die Vermarktlichung von immer mehr Lebensbereichen, die bisher nicht oder jedenfalls nicht vollständig der Marktlogik unterworfen waren. Hier kann man *gerechtigkeitstheoretisch* thematisieren, dass die Verwandlung von öffentlichen Gütern wie Bildung, Gesundheit oder städtischem Raum in kaufbare Waren soziale Ungleichheiten reproduziert, da sich dann nicht mehr alle Zugang zu diesen Gütern leisten können. Und man kann aus Sicht der *Moralphilosophie* versuchen, die mit Praktiken wie der bezahlten Leihmutterschaft verbundenen Formen der Instrumentalisierung zu adressieren, die sozial Schwache zu Mitteln der Erfüllung von Wünschen anderer machen. Allerdings reicht eine solche Betrachtung aus sozialphilosophischer Perspektive nicht weit genug, um die ganze Dimension des Problems zu erfassen: Nimmt man einmal an, die vorausgehenden sozialen Ungleichheiten ließen sich durch die Umverteilung von Ressourcen ausgleichen, dann stellt sich immer noch die Frage, ob unsere sozialen Praktiken und die Integrität öffentlicher Güter nicht missverstanden, verzerrt oder beschädigt werden, wenn sie als Waren aufgefasst und der Logik des Marktes ausgesetzt werden (vgl. Anderson 1993; Radin 2001).

Die Sozialphilosophie fragt demnach auch in diesem Fall nicht nur nach der Rechtfertigbarkeit individueller Handlungen oder der Legitimität politischer Institutionen und politischer Maßnahmen, sondern auch und vor allem nach der Gestalt sozialer Institutionen, Praktiken und Selbstverständnisse; diese wiederum stellen Bedingungen für das gelingende Leben der Einzelnen und die Funktionsfähigkeit des sozialen Gefüges dar. Die Sozialphilosophie versucht mit den für sie charakteristischen begrifflichen Werkzeugen – dazu gehören Begriffe wie «Verdinglichung», «Entfremdung» oder «Ideologie», aber auch (positiv) «Anerkennung», «Kooperation» oder «Solidarität» – den problematischen Charakter der bei der Vermarktlichung involvierten sozialen Praktiken und Institutionen und deren Auswirkungen auf intersubjektiv geprägte Welt- und Selbstverhältnisse zu thematisieren. Das heißt etwa, dass untersucht werden muss, wie sich das soziale Gut «Bildung» im Zuge der Vermarktlichung strukturell – und nicht bloß mit Blick auf Verteilung und Zugang – zu einer quantifizierbaren Jobqualifikation verändert und die Institution der Universität zu einer Ausbildungsanstalt, die sich an kurzfristiger und ökonomistisch verengter Nützlichkeit orientiert.

Sozialphilosophie, Soziologie und Politische Philosophie

Als eine Unterdisziplin der praktischen Philosophie fragt die Sozialphilosophie danach, wie Menschen leben und handeln sollen. Dabei versteht sie Menschen aber nicht als isolierte Individuen, sondern als Mitglieder einer sozialen Welt, die auf nicht nur instrumentelle Weise von gelingenden Formen des gesellschaftlichen Zusammenlebens abhängig sind – eben als *zoon politikon*, oder, wie Marx es formuliert, als «Tier, das nur in Gesellschaft sich vereinzeln kann». Die Sozialphilosophie thematisiert damit die angemessene Gestalt unserer sozialen Institutionen und Praktiken und fragt, inwiefern diese die Möglichkeiten von Individuen, ein gelingendes Leben zu führen, befördern oder untergraben können. Wenn nämlich Menschen sich «nur in Gesellschaft vereinzeln können», dann schaffen sie als genuin soziale Wesen in ihrem Handeln gemeinsam immer auch die überindividuellen Voraussetzungen ihres individuellen Handelns. Damit scheint die Sozialphilosophie auf eine anspruchsvolle These festgelegt zu sein: «Das Soziale» – soziale Praktiken, Institutionen und Beziehungen – ist als konstitutive Bedingung von Individualität und Freiheit zu verstehen.

Bei aller Nähe zur Soziologie (hinsichtlich des Gegenstandsbereichs) unterscheidet sich die Sozialphilosophie von dieser also durch eine normativ geleitete Reflexion auf das Funktionieren sozialer Institutionen und auf soziale «Pathologien» bzw. Fehlentwicklungen und Krisen. Außerdem stellt die Sozialphilosophie grundlegende methodologische und sozialontologische Fragen, die sie in gewisser Hinsicht zu einer *Instanz der Metareflexion* für die soziologische Gesellschaftstheorie und die Sozialwissenschaften werden lassen (vgl. Hollis 1995; Risjord 2014). Von der Politischen Philosophie hingegen unterscheidet sich die Sozialphilosophie trotz aller Überschneidungen nicht nur durch den breiteren Fokus auf gesellschaftliche (im Unterschied zu politisch-institutionellen) Erscheinungen, sondern auch dadurch, dass sie eine sozialtheoretische und sozialontologische Analyse der Struktur und Dynamik gesellschaftlicher Verhältnisse anstrebt. Damit reicht sie auch aus der praktischen

Philosophie im engeren Sinne heraus: Bei allem Interesse an einer bewertenden Einordnung sozialer Phänomene geht es ihr doch nicht alleine um die normative Bedeutung sozialer Praktiken und Institutionen; stärker als eine rein normative Theorie (die wir im Folgenden auch als «normativistisch» bezeichnen) ist sie an der empirischen Beschreibung und der begrifflichen Durchdringung der sozialen Welt mit ihren spezifischen Problemlagen interessiert (vgl. Dewey 1923; Ferrara 2002; Pollmann 2005, Kap. 1). Die grundlegenden Begriffe der Sozialphilosophie – etwa die oben genannten der Entfremdung und der Verdinglichung – sind daher immer *zugleich beschreibend und bewertend* und exemplifizieren die für sozialphilosophische Ansätze charakteristische Einheit von Analyse und Evaluation bzw. Kritik (vgl. Fischbach 2009). Dabei stellt die Sozialphilosophie auch Fragen nach der Ontologie des Sozialen, etwa: Wie ist die soziale Wirklichkeit überhaupt beschaffen, wie ist Gesellschaft strukturiert, was ist ein Kollektiv, und was sind Institutionen?

Sozialphilosophie wird also sowohl durch einen bestimmten Gegenstandsbereich als auch durch eine bestimmte Herangehensweise definiert. Teils rückt sie Phänomene in den Fokus, die von anderen Disziplinen nicht zur Kenntnis genommen werden: den Zuschnitt sozialer Institutionen und Praktiken sowie soziale Problemlagen, die sich an der Schnittstelle von Individuum und Gesellschaft ergeben (vgl. Kap. 2 und 3). Teils betrachtet sie dieselben Phänomene – etwa die Probleme der Arbeit und der Vermarktlichung – aus einer anderen Perspektive. Auf diese Weise werden auch so zentrale Begriffe wie «Freiheit» oder «Macht» in der Sozialphilosophie ganz anders verstanden als in der Politischen Philosophie (vgl. Kap. 4 und 7).

Die Vorstellung von einer Art «Arbeitsteilung» zwischen Politischer Philosophie und Sozialphilosophie ist daher irreführend, denn zwischen Phänomenen des *gesellschaftlichen Lebens*, zu dem auch Bereiche wie die Familie gehören, die «unterhalb» der politisch verfassten Institutionen des Zusammenlebens angesiedelt sind, und dem engeren Phänomenbereich der *politischen oder staatlichen Institutionen* ist nicht so einfach zu unterscheiden. Eine solche Gebietsaufteilung würde zudem verkennen, dass der Deutungsanspruch der Sozialphilosophie wesentlich stärker ist: Auch die politischen und rechtlichen Institutionen müssen nämlich, in sozialphilosophischer Perspektive, aus dem sozialen Kontext heraus verstanden werden, in den sie unweigerlich eingebettet sind. Ganz ähnlich wie durch Pragmatismus, Feminismus und *critical race theory* inspirierte nichtideale Ansätze argumentiert die Sozialphilosophie, dass Politische Philosophie und Rechtsphilosophie bereits falsch ansetzen, wenn sie ihre Gegenstände aus deren jeweiligen sozialen Zusammenhängen herauslösen und rein normativ etwa danach fragen, was eine gerechte Gesellschaft oder was eine freiheitssichernde Verfassung ausmacht (vgl. Young 1990, Einleitung; Mills 1997, Einleitung). Auch hier zeigt sich, dass für die Sozialphilosophie nicht nur ein besonderer *Gegenstandsbereich*, sondern auch eine besondere *Herangehensweise* kennzeichnend ist. So verstanden stellt die Sozialphilosophie nicht allein eine Ergänzung, sondern eine Alternative zu bestimmten Ansätzen der Politischen Philosophie dar, wie sie im zeitgenössischen politischen Liberalismus vorherrschen (vgl. Geuss 2008).

Vor dem Hintergrund des bisher Gesagten erscheinen uns diejenigen Bestimmungsversuche als unzureichend, die Sozialphilosophie – wie etwa im angelsächsischen Kontext üblich – mit der Politischen Philosophie gleichsetzen oder sie als «eine Art Residualkategorie» verstehen, «unter der man die Thematisierung all der auf den oder die Anderen bezogenen philosophischen Fragestellungen zusammenfasst», die nicht in den anderen Disziplinen der praktischen Philosophie aufgehen (Liebsch 1999, S. 11). Ebenso ungenügend ist die Zuspitzung, der zufolge die Sozialphilosophie der auf Zeitdiagnose spezialisierte Zweig der praktischen Philosophie sei, auch wenn die theoretisch fundierte zeitdiagnostische Ausrichtung für sozialphilosophische Analysen, wie wir sehen werden, durchaus charakteristisch ist.

Auf die Frage, welche theoretischen Paradigmen und welche Autoren eigentlich zum Kanon der Sozialphilosophie gehören, ergeben sich aus unserer Sicht folgende Antworten. Einige Autoren lassen die Sozialphilosophie mit Platon beginnen, als Teil einer praktischen Philosophie also, in der Ethik und Politische Philosophie noch nicht geschieden sind. Dagegen schlagen wir vor, ihre Ursprünge an die Entstehung der modernen westlichen Gesellschaften und an den Beginn der kapitalistischen Modernisierung zu binden. Erst zu dieser Zeit nämlich kommt die Gesellschaft als von Staat und Recht unterschiedener Gegenstandsbereich überhaupt in den Blick, und erst zu dieser Zeit entsteht in Europa ein klares Bewusstsein für das Problem des Sozialen – nicht zuletzt auch in Gestalt der «sozialen Frage» –, das nicht auf die Frage nach der Stabilität und Legitimität der politischen Ordnung zu reduzieren ist.

Als Gründerväter der Sozialphilosophie erscheinen dann, zumindest im Westen, Jean-Jacques Rousseau, der als Erster eine systematische Analyse der Fehlentwicklungen der modernen Gesellschaft vorgelegt hat, oder Georg Wilhelm Friedrich Hegel und Karl Marx, die das Zeitalter der Industrialisierung und der sich entwickelnden kapitalistischen Gesellschaften am entschiedensten auf seinen philosophischen Begriff gebracht und analytische Mittel zu seiner Kritik entwickelt haben. (Natürlich sind die Grenzen hier fließend und es gibt im Werk von Vorläufergestalten wie Platon, Spinoza und Hume zahlreiche sozialphilosophische Elemente. Nicht-westliche Quellen könnte man etwa im Werk von Kongzi (Konfuzius, ca. 551–479 v. Chr.) und Mengzi (Menzius, ca. 372–289 v. Chr.) und vor allem von Ibn Khaldun (1332–1406) finden.) Die dann zu skizzierende Traditionslinie, die von Rousseau über Hegel und Marx zur Kritischen Theorie der Frankfurter Schule führt, lässt sich anhand ihres explizit gesellschaftstheoretischen Interesses von sozialphänomenologischen Ansätzen unterscheiden, wie sie sich bei Edmund Husserl, Max Scheler, Martin Heidegger und Jean-Paul Sartre beobachten lassen (vgl. Theunissen 1977; Bedorf 2011). Diese widmen sich der phänomenologischen Analyse von Intersubjektivität, dem Problem des anderen und der Erfahrung der Sinnhaftigkeit der Lebenswelt, wobei solche Analysen durchaus einen Beitrag *innerhalb* der Sozialphilosophie zu leisten vermögen.

Horkheimer, Honneth und die Aufgaben der Sozialphilosophie

Um einen konturierten Begriff von Sozialphilosophie zu verteidigen und dieser eine spezifische Aufgabe zuzuweisen, seien hier zwei einflussreiche Bestimmungsversuche in den Blick genommen; beide wurden im Kontext der Kritischen Theorie der Frankfurter Schule, einer der bedeutendsten Strömungen der Sozialphilosophie im 20. Jahrhundert, formuliert. Max Horkheimer vertritt in seinen für die Kritische Theorie grundlegenden frühen Aufsätzen eine sehr weite Bestimmung der Sozialphilosophie als «philosophische Deutung der sozialen Existenzweise des Menschen» (Horkheimer 1931). Dagegen argumentiert Axel Honneth in seinem Aufsatz «Pathologien des Sozialen» für ein engeres Verständnis von Sozialphilosophie als Diagnose sozialer «Pathologien», also der Fehlentwicklungen und Störungen in einer Gesellschaft (Honneth 1994). Bei aller Nähe der beiden Positionen drücken sich in ihnen unterschiedliche Akzentuierungen aus, die man etwas schematisch als Hegel- und als Rousseau-Linie voneinander unterscheiden kann. Unser eigener, integrativer Bestimmungsversuch will in der Kombination von Elementen beider Ansätze das Spezifische der Sozialphilosophie identifizieren, ohne damit zu suggerieren, dass die Sozialphilosophie mit einer bestimmten Tradition – der der Frankfurter Schule – zusammenfalle. Vielmehr geht es uns darum, einen allgemeinen methodologischen Rahmen abzustecken, der dann auf ganz unterschiedliche Weise inhaltlich gefüllt werden kann – etwa im Anschluss an so unterschiedliche Autorinnen und Autoren wie Max Weber, Hannah Arendt, Michel Foucault, Charles Taylor und Judith Butler, auf die wir alle noch zu sprechen kommen werden.

Horkheimer hielt seine Rede «Die gegenwärtige Lage der Sozialphilosophie und die Aufgaben eines Instituts für Sozialforschung» 1931 bei seiner Übernahme des Direktorats des Frankfurter Instituts für Sozialforschung, der institutionellen «Heimat» der schon kurze Zeit später ins Exil vertriebenen Frankfurter Schule (vgl. Demirović 1999). Als Aufgabe der Sozialphilosophie sieht Horkheimer die «*philosophische Deutung des Schicksals der Menschen*, insofern sie nicht bloß Individuen, sondern *Glieder einer Gemeinschaft* sind». Seines Erachtens hat sich diese Disziplin «vor allem um solche Phänomene zu bekümmern, die nur im Zusammenhang mit dem gesellschaftlichen Leben der Menschen verstanden werden können: um *Staat, Recht, Wirtschaft, Religion*, kurz um die gesamte *materielle und geistige Kultur der Menschheit* überhaupt» (Horkheimer 1931, S. 20). Der Gegenstandsbereich der Sozialphilosophie fällt also mit dem zusammen, was bei Hegel unter dem Begriff des «objektiven Geistes» firmiert: mit all jenen Praktiken, Institutionen und Kulturphänomenen, die Ausdruck des sozialen und kulturellen Tätigseins von Menschen sind.

Für Horkheimer ergibt sich die Bestimmung der Sozialphilosophie allerdings nicht alleine aus ihrem *Gegenstandsbereich* («die gesamte materielle und geistige Kultur der Menschheit»), sondern auch aus einer für sie spezifischen *Perspektive* («der *Menschen*, insofern sie nicht bloß Individuen, sondern *Glieder einer Gemeinschaft* sind»). Ihr Charakteristikum besteht – im Vokabular der heutigen sozialontologischen Diskussion ausgedrückt – darin, dass sie «holistisch» angelegt ist. Der Position des «sozialen Holismus» zufolge ist die Gesellschaft als Einheit oder Ganzheit zu betrachten, die nicht auf ihre Einzelteile reduzierbar und daher kein bloßes Aggregat von Individuen ist, sondern eine Realität sui generis darstellt (vgl. Kap. 3).

Horkheimer knüpft mit diesem holistischen Ansatz auch methodologisch an Hegel an. Er setzt sein Projekt in direkten Gegensatz zu Immanuel Kants individualistischer Perspektive und dem in seiner Zeit dominanten Neokantianismus in den Geistes- und Sozialwissenschaften, wenn er die Unterschiede zwischen vorhegelschen und hegelschen Ansätzen folgendermaßen zuspitzt: Vor Hegel sei das Verständnis sozialer Phänomene «in der *Philosophie der Einzelpersönlichkeit* begründet» gewesen: «Übergreifende, nur einem überpersonalen Ganzen zugehörige, nur an der gesellschaftlichen Totalität zu entdeckende Seinsstrukturen, denen wir uns zu unterwerfen hätten, existieren nicht.» (Ebd., S. 21) Für Hegel dagegen ergebe sich «das philosophische Verständnis des kollektiven Ganzen» allein aus einer Perspektive, in der die Einzelnen als Produzenten ihrer gesellschaftlichen Wirklichkeit von dieser gleichzeitig beherrscht sind, und unter der methodischen Voraussetzung, dass das gesellschaftliche Ganze mehr als die «Summe seiner Teile» ist.

Horkheimer zufolge ist die «Erkenntnis des *Sinnes unseres eigenen Seins*» auf eine Deutung der sozialen Sphäre unter dem Gesichtspunkt unserer Abhängigkeit und unseres Verwobenseins in das Ganze der Gesellschaft angewiesen. Das bedeutet, etwas prosaischer formuliert, dass man das, was man – unausweichlich in Gesellschaft – tut, und das, was einem hier widerfährt, nur richtig verstehen kann, wenn man es in Beziehung setzt zu einem übergreifenden Allgemeinen, das diese Handlungen und Widerfahrnisse konstituiert und prägt, also zu den Praktiken, Institutionen und Strukturen (etwa der kapitalistischen Ökonomie), die Gesellschaft ausmachen. Der «Sinn», um den es geht, die Implikationen der menschlichen Existenz, ist dabei nach Horkheimer nicht als Aggregat individueller Sinnzuschreibungen zu verstehen und zudem den Individuen nicht direkt oder unmittelbar zugänglich, sondern bedarf der (sozialphilosophischen) Deutung. Damit richtet sich die genuin sozialphilosophische Betrachtungsweise nicht an den Individuen als solchen aus, sondern an ihnen «als *Gliedern einer Gemeinschaft*». Sie situiert die Individuen in ihrem sozialen Kontext und nimmt sie als letzten Bezugspunkt weder der Erklärung noch der Bewertung sozialer Phänomene.

Sozialphilosophie ist demnach vom Gegenstandsbereich wie auch der Methode her ein vornehmlich an Hegels Verständnis von Gesellschaft angelehntes Projekt. Zugleich ist das hegelsche Projekt in seiner ursprünglichen Fassung Horkheimer zufolge gescheitert, da es im schlechten Sinne idealistisch war, sofern es auf einer polemischen Entgegensetzung von Philosophie und empirischen Einzelwissenschaften beruhte. Gegen einen rein philosophischen Zugriff auf die Probleme des Sozialen setzt Horkheimer deshalb auf die Verbindung von philosophischer Reflexion und empirischer Sozialforschung, auf eine «dialektische Durchdringung und Entwicklung von philosophischer

Theorie und einzelwissenschaftlicher Praxis», die die einzige Möglichkeit darstelle, das hegelsche Projekt unter gegenwärtigen Bedingungen noch einzuholen (ebd., S. 29). Damit skizziert Horkheimer aber nicht nur das für die ursprüngliche Konzeption der Kritischen Theorie entscheidende interdisziplinäre Programm; er zeigt auch, wie das von uns bereits erwähnte methodische Spezifikum der Sozialphilosophie zu verstehen ist, dass sie weder in der bloßen Deskription oder Erklärung sozialer Tatsachen noch in deren normativer Bewertung vollständig aufgeht. In ihr lassen sich beide Elemente, das normative und das deskriptive, nicht unabhängig voneinander verstehen. Ihre Pointe besteht vielmehr in der Durchdringung beider oder, im Anschluss an Marx formuliert, in der Einheit von empirischer *Analyse* und normativ angeleiteter *Kritik*. Fragen danach, wie die Gesellschaft eingerichtet *ist* und wie sie eingerichtet sein *sollte*, lassen sich demnach nicht isoliert voneinander beantworten, wie sowohl empiristische als auch normativistische Ansätze meinen. Diese Positionierung der Sozialphilosophie kollidiert denn auch direkt mit einem auch heute noch weitverbreiteten empiristischen (oder ‹positivistischen›) Verständnis der Sozialwissenschaften, dem zufolge diese eine wertfreie empirische Analyse sozialer Tatbestände zu liefern und sich aller Werturteile zu enthalten hätten (vgl. Adorno u.a. 1969).

Horkheimers Bestimmung der Sozialphilosophie erweist sich damit einerseits als sehr weit, andererseits als eng. Sofern sie alle gesellschaftlichen Lebensäußerungen der Menschen umfasst, alle sozialen Praktiken, Institutionen, kulturellen Erscheinungen und Deutungen, die das soziale Leben der Menschen betreffen und von diesem hervorgebracht werden, ist sie ausgesprochen ausgreifend. Doch sofern sie die methodischen Eigenarten der Sozialphilosophie im Anschluss an Hegel sehr spezifisch formuliert, schränkt sie den Bereich derjenigen Fragestellungen, die sich als «sozialphilosophisch» qualifizieren lassen, gleichzeitig deutlich ein. Nur Ansätze, die von einer wesentlichen bzw. internen sozialen Situiertheit und einer Abhängigkeit der Individuen voneinander und von den sie umfassenden sozialen Institutionen ausgehen, können als sozialphilosophisch gelten, da nur sie dem Begriff des Sozialen eine mehr als triviale Bedeutung geben. Hingegen sind diejenigen Ansätze, die voraussetzen, dass alle gesellschaftlichen Phänomene sich letztlich auf das Handeln von Individuen zurückführen lassen (vgl. Elster 1989), *nicht* der Sozialphilosophie zuzurechnen.

Für die Sozialphilosophie hängt damit, so lässt sich festhalten, viel davon ab, ob es ihr gelingt, eine holistische Perspektive unter zeitgenössischen Bedingungen plausibel zu machen, und ob sich die Durchdringung von deskriptiven und normativen Momenten prägnant als Alternative sowohl zu einer normativistischen Politischen Philosophie als auch zu einer empiristischen Sozialwissenschaft formulieren lässt. Auf die Frage nach den Maßstäben einer solchen normativen Analyse – also nach der Begründung des normativen Standpunkts, in dem die normativen Momente verankert sind, und damit auch nach dem Verhältnis von Sozialphilosophie und Gesellschaftskritik – findet sich bei Horkheimer freilich keine systematisch ausgearbeitete Antwort. Wenden wir uns daher einem zweiten Bestimmungsversuch der Sozialphilosophie zu, der jüngeren Datums ist und die Frage nach deren normativen Grundlagen expliziter stellt.

Mit seinem Plädoyer für ein spezifisches Verständnis der Sozialphilosophie als einer eigenständigen Disziplin hat Axel Honneth, ein indirekter Nachfolger Horkheimers als Direktor des Frankfurter Instituts für Sozialforschung, die gegenwärtige Diskussion über die Sozialphilosophie überhaupt erst wieder in Gang gebracht. Sein Verständnis geht mit einer gegenüber der horkheimerschen etwas anders gefassten Aufgabenstellung einher, denn die Sozialphilosophie dreht sich Honneth zufolge «vordringlich um eine Bestimmung und Erörterung von solchen Entwicklungsprozessen der Gesellschaft, die sich als Fehlentwicklungen oder Störungen, eben als ‹Pathologien des Sozialen› begreifen lassen» (Honneth 1994, S. 10). Die Sozialphilosophie wird in Abgrenzung zur gerechtigkeitstheoretischen oder ordnungspolitischen Perspektive der zeitgenössischen Politischen Philosophie definiert als Disziplin, die über die Frage hinaus, was wir einander schulden, die Frage nach dem guten individuellen und kollektiven Leben und seinen sozialen Ermöglichungsbedingungen aufwirft. Die Sozialphilosophie setzt dabei negativ an – eine methodische Einstellung, die Honneth nicht zuletzt zur Lösung des Problems ihrer normativen Maßstäbe einführt. Sie geht von jenen «Fehlentwicklungen oder Störungen» aus, die *verhindern*, dass die Menschen ein gutes Leben nach ihren eigenen Vorstellungen zu führen in der Lage sind, und analysiert dann die überindividuellen, sozialen Bedingungen individueller Selbstverwirklichung und Freiheit. Dies tut sie im Anschluss an Erfahrungen sozialen Leids, in denen sich Störungen der intersubjektiven Voraussetzungen gelingender Individualität niederschlagen. Mit «Pathologien» sind dabei keine Krankheiten in einem wörtlichen Sinn gemeint (vgl. Honneth 2014; Neuhouser 2014). Vielmehr werden damit all jene Formen und Ursachen sozialen Leids bezeichnet, die sich nicht einfach im Vokabular der Gerechtigkeit beschreiben lassen, sondern Fehlentwicklungen einer sozialen Formation darstellen. Ein klassisches Beispiel hierfür ist das Phänomen entfremdeter Arbeit: Der Missstand, dass Arbeiterinnen eine monotone, stumpfsinnige Arbeit verrichten, kann nicht durch eine bessere Bezahlung allein kuriert werden, sondern nur durch eine qualitative Veränderung der Arbeit selbst, und diese ist wiederum nur dann möglich, wenn sich zugleich jene Praktiken, Institutionen und Selbstverständnisse ändern, in die die Arbeitsverhältnisse eingelassen sind. Das Problem entfremdeter Arbeit lässt sich also nicht lokal oder allein durch Umverteilung von Ressourcen «lösen», sondern nur im Rahmen einer umfassenderen qualitativen Veränderung sozialer Verhältnisse.

So wie Hegel für Horkheimer ist Rousseau für Honneth an dieser Stelle der Stichwortgeber. Insbesondere in seinem *Diskurs über die Ungleichheit* (1755) skizziert Rousseau eine Genealogie der sozialen Fehlentwicklungen, die zu den die moderne Gesellschaft charakterisierenden Formen von Unfreiheit und Entfremdung geführt haben. Er bezieht sich dabei auf strukturelle soziale Faktoren wie die zunehmende Arbeitsteilung, die Einrichtung des Privateigentums und die voranschreitende Individualisierung. An genau diese Art der Diagnose von

Pathologien soll die Sozialphilosophie Honneth zufolge heute anknüpfen, auch wenn er ihr inzwischen – vor allem im Anschluss an Hegel – auch positive Aufgaben zuschreibt, etwa die Rekonstruktion des vernünftigen normativen Gehalts bereits bestehender sozialer Institutionen und Praktiken (vgl. Honneth 2011, Einleitung).

Mit Honneths Neubegründung der Sozialphilosophie als Diagnose von Pathologien ist die Annahme von überindividuellen gesellschaftlichen Voraussetzungen für individuelle Freiheit und Selbstverwirklichung verbunden. Um die Pointe einer solchen Position zu verstehen, muss man sich klarmachen, dass hier nicht lediglich behauptet wird, Individuen seien auf sozial bereitgestellte Güter (z.B. Erziehung und Beschäftigungsmöglichkeiten) angewiesen, um ihren Lebensplänen Gestalt zu geben und sie zu verwirklichen. Das wäre eine vergleichsweise schwache und eigentlich selbstverständliche These, die den Zusammenhang zwischen Individuen und sozialen Institutionen lediglich auf instrumentelle Weise interpretierte. Im Hintergrund von Honneths Sozialphilosophie steht – wie auch bei Horkheimer – vielmehr die These, dass «das Soziale» (also die Existenz sozialer Praktiken, Institutionen und Beziehungen einer bestimmten Art) als Bedingung von Individualität und Freiheit in einem stärkeren Sinn verstanden werden muss, nämlich als konstitutive Bedingung, die eine intrinsische Bezogenheit der Individuen auf das Soziale zum Ausdruck bringt. So muss Honneth zufolge die Anerkennung durch andere als Voraussetzung von individueller Autonomie und Selbstverwirklichung begriffen werden (vgl. Honneth 1992).

Entsprechend ist auch die Rede von sozialen Pathologien zu verstehen. Diese sind nicht lediglich gesellschaftliche Fehlentwicklungen, die sich auf Individuen auswirken, indem sie deren Möglichkeiten, ein gutes Leben zu führen und sich selbst zu verwirklichen, rein instrumentell behindern. Ihre Auswirkungen auf die Individuen sind viel drastischer, weil die sozialen Verhältnisse und Bedingungen in ihrer positiven Gestalt – als «gelingende Sozialität» – nicht nur *Mittel* zur Beförderung individueller Ziele bzw. Zwecke sind, sondern selbst als Zweck begriffen werden müssen. Anders gesagt: Die Möglichkeit, in einer guten, gelingenden Gesellschaft zu leben, ist Teil dessen, was Individuen in ihrer Selbstverwirklichung erstreben. Individuelle Freiheit und Selbstverwirklichung lassen sich demnach nicht unabhängig von Sozialität, dem Eingelassensein in soziale Bezüge, anstreben oder erreichen.

Die Frage nach der «Beeinträchtigung der überindividuellen Bedingungen für individuelle Selbstverwirklichung», also nach sozialen «Pathologien», wird damit sowohl anspruchsvoller als auch existentieller. Zugleich führt dieser spezifische Begriff der sozialen Pathologie zu einem ebenso spezifischen Verständnis von Sozialphilosophie, dem die Abgrenzung von anderen Disziplinen und Problemen der praktischen Philosophie ohne Weiteres gelingt. So kann auch eine aus Sicht der Politischen Philosophie stabile und gerechte Ordnung soziale Pathologien aufweisen, etwa wenn in ihr Erfahrungen von Entfremdung und Sinnlosigkeit (z.B. angesichts umfassender Kommerzialisierung) zu diagnostizieren sind.

Während Horkheimer die Frage nach dem normativen Maßstab der Sozialphilosophie nicht eigens aufwirft, werden der diesbezügliche Rekonstruktionsbedarf und die damit verbundene systematische Problematik in Honneths Ansatz mühelos ersichtlich. Der Begriff der sozialen Pathologie scheint einen Zustand der «Gesundheit» zu implizieren, von dem methodologisch unklar ist, wie er einer Gesellschaft als Ganzer zu- oder abgesprochen werden soll. Verfügen wir wirklich über Kriterien, um Gesellschaften oder soziale Entwicklungen als in diesem Sinne gut oder schlecht zu beurteilen? Ist es nicht sogar gefährlich, eine Gesellschaft wie einen Organismus als «pathologisch» und somit als «krank» zu bezeichnen, weil damit bestimmte Vorstellungen von Normalität festgeschrieben und Abweichungen diskriminiert werden könnten? Immerhin haben sich dieser Figur der Sozialkritik auch konservative und sogar faschistische Ansätze bedient.

Die Rede von sozialen Pathologien ist von einer charakteristischen Spannung gekennzeichnet: Auf einer Skala zwischen (eher) subjektiv und (eher) objektiv geprägten Merkmalen lassen sich soziale Pathologien nämlich einerseits anhand der sozialen Leiderfahrungen von Individuen diagnostizieren, andererseits aber auch als objektive Funktionsstörungen oder Krisen sozialer Institutionen bestimmen (die allerdings von den sozialen Leiderfahrungen der Individuen nicht unabhängig sind). Entsprechend ist die Bestimmung der Sozialphilosophie als Diagnose sozialer Pathologien auf weitergehende Erläuterungen des Begriffs der Pathologie angewiesen. Versuche, eine solche Erläuterung zu geben, haben dabei entweder *ethisch* nach kollektiv geteilten oder zumindest teilbaren Vorstellungen des guten Lebens gefragt, *sozialtheoretisch* zu klären versucht, ob sich entsprechende Kriterien aus den Funktions- und Reproduktionserfordernissen moderner Gesellschaften ableiten lassen, oder *geschichtsphilosophisch* auf die Logik historischer Entwicklungsprozesse verwiesen – ohne bisher das Problem auf eine befriedigende Weise gelöst zu haben. Unseres Erachtens ist es am aussichtsreichsten, im Anschluss an die neuesten Überlegungen von Honneth und Frederick Neuhouser eine stärker sozialtheoretische, an innergesellschaftliche Erfahrungen ebenso wie Krisentendenzen anschließende Perspektive auf soziale Pathologien zu entwickeln (vgl. Honneth 2011; Neuhouser 2014; zur sozialphilosophischen Relevanz des Krisenbegriffs Habermas 1973; Benhabib 1986).

Sozialphilosophie – Versuch einer Bestimmung

Aus der Diskussion von Horkheimer und Honneth können wir die Konsequenz ziehen, dass eine Überdehnung des Aufgabenbereichs der Sozialphilosophie ebenso vermieden werden sollte wie deren ausschließliche Identifikation mit der Diagnose sozialer Pathologien. Diese Diagnose setzt nämlich voraus, dass wir über das sozialontologische und sozialtheoretische Instrumentarium verfügen, um solche Pathologien zu identifizieren und von gelingenden oder funktionierenden sozialen Verhältnissen zu unterscheiden. Die Integration von empirischer Analyse und normativ angeleiteter Kritik erfordert daher nicht nur die methodologische Reflexion der Sozialwissenschaften (welche Art des Wissens können wir von sozialen Phänomenen haben?), sondern auch eine solide sozialtheoretische und sozialontologische Fundierung der Sozialphilosophie; dazu gehört wesentlich die Analyse der Struktur sozialer Entitäten und kollektiven Handelns (vgl. Detel 2007, Kap. 15; Searle 1995). Eine so konzipierte Sozialphilosophie fragt danach, wie das Soziale konstituiert ist, wie es funktioniert, wie es erfahren wird und wie es zu verstehen ist, und nicht nur danach, was fehlschlägt. Sie muss dies tun, um Fehlentwicklungen als solche diagnostizieren zu können – wenn sie die Einheit von Analyse und Kritik ernst nimmt und nicht auf einen externen ethischen Bewertungsmaßstab angewiesen sein will. Dabei gewinnt sie die Kriterien der Kritik aus der sozialtheoretischen Analyse der normativ imprägnierten Funktionsbedingungen unserer sozialen Praktiken und Institutionen.

Mit dieser Bestimmung knüpfen wir einerseits an Honneths Charakterisierung der Sozialphilosophie als Diagnose von Pathologien an, wollen diese aber andererseits – durchaus im Sinne von Honneths eigenen späteren Überlegungen – zurückbinden an die breitere Perspektive, die sich aus Horkheimers Auffassung von Sozialphilosophie als Theorie des objektiven Geistes – jener sozialen und kulturellen Formen, in denen sich nach Hegel die vernünftige Tätigkeit von Menschen realisiert – ergibt (Honneth 2011; Jaeggi 2013). Das Spezifische der Sozialphilosophie lässt sich, so aufgefasst, durch drei Thesen umreißen:

(1) Die Sozialphilosophie hat sowohl einen spezifischen *Gegenstandsbereich* als auch eine spezifische *Perspektive* auf diesen Gegenstandsbereich, den sie partiell mit anderen Disziplinen teilt, und in beiden Hinsichten ist sie von der Politischen Philosophie zu unterscheiden.

(2) Die Sozialphilosophie ist durch eine spezifische *Verbindung von normativen und deskriptiven Momenten* charakterisiert. Sie umfasst immer Momente der Analyse und solche der Evaluierung bzw. Kritik, und ihre Grundbegriffe wie «Pathologie», «Entfremdung», «Anerkennung» und «Solidarität» sind daher nie rein deskriptiv, sondern immer auch evaluativ. Die

von der Sozialphilosophie in Anspruch genommenen Normen werden dabei immanent aus der sozialen Wirklichkeit, deren Problemlagen und Reflexionsformen heraus entwickelt und nicht in unabhängiger (moral-)philosophischer Begründungsarbeit etabliert.

(3) Die Sozialphilosophie ist eine distinkte Disziplin, die die kritische Reflexion auf soziale Fehlentwicklungen (oder «Pathologien») mit *Sozialtheorie* und *Sozialontologie* sowie der methodologischen Reflexion in Form der *Philosophie der Sozialwissenschaften* verbindet.

Die Sozialphilosophie muss außerdem zumindest in dem abgeschwächten Sinn holistisch sein, dass sie gesellschaftlichen Phänomenen eine eigenständige Dynamik und Logik zuschreibt, die sich nicht auf individuelle Handlungen und Einstellungen reduzieren lassen. Denn nur auf diese Weise kommen die unseres Erachtens grundlegenden Fragen in den Blick, die wir im Folgenden als «Grundprobleme der Sozialphilosophie» diskutieren. Damit fallen strikt individualistische Ansätze – wie etwa die «Rational-Choice-Theorie» – aus dem Bereich der Sozialphilosophie heraus. Das spricht freilich nicht an sich schon gegen ihre Legitimität oder Nützlichkeit; nur heißt es, dass sie eben ein anderes Projekt verfolgen, das sich nicht sinnvoll als sozialphilosophisch beschreiben lässt (auch wenn Autoren wie Jon Elster versuchen, beide Perspektiven miteinander zu verbinden).

Eine solche Bestimmung gibt der Sozialphilosophie ein spezifisches Profil, das zudem gut mit dem Selbstverständnis zentraler Autoren von Hegel bis Honneth vereinbar ist. Dabei ist allerdings die Frage, wie genau die Irreduzibilität des Sozialen methodologisch und ontologisch zu verstehen ist, Gegenstand erheblicher Kontroversen und bedarf der weiteren Klärung. In dem angedeuteten holistischen Sinne behandelt die Sozialphilosophie die aus dem individuellen gesellschaftlichen Erleben der Menschen und den von ihnen geschaffenen sozialen Institutionen resultierenden Probleme als Probleme, die sich für Wesen ergeben, welche sich «nur in Gesellschaft vereinzeln können». Die Sozialphilosophie argumentiert daher aus der Perspektive immer schon bestehender sozialer Kooperation und Assoziation, die allerdings mehr oder weniger gelingen können und deren Gelingen oder Misslingen sie verstehen und bewerten möchte.

«Sozialphilosophie» ist also nicht einfach die neutrale Bezeichnung einer Subdisziplin, sondern gleichzeitig auch ein philosophisches Programm, das sich für die Relevanz der sozialphilosophischen Perspektive und ein bestimmtes Verständnis dieser Perspektive ausspricht. Eine Einführung in die Sozialphilosophie dient daher immer auch der Etablierung eines bestimmten Begriffs von Sozialphilosophie und der Verteidigung des Projekts der Sozialphilosophie als solchen. So ist auch unsere Einführung der Versuch, die Sozialphilosophie aus der disziplinären «Diaspora» in die Philosophie zurückzuholen und damit der Vernachlässigung des Sozialen in der praktischen Philosophie der Gegenwart entgegenzuwirken (Ferrara 2002, S. 422; vgl. Fischbach 2009).

Diese Einführung bietet in erster Linie nicht eine Geschichte der Sozialphilosophie, sondern einen problemorientierten systematischen Aufriss. Sie möchte das Projekt der Sozialphilosophie über einen systematisch orientierten Durchgang durch die wichtigsten Probleme der Sozialphilosophie konturieren. Diese «Grundprobleme der Sozialphilosophie» bestimmen einerseits den spezifischen Gegenstandsbereich der Disziplin – so wird man Begriffe wie «Anerkennung», «Entfremdung» oder «Ideologie» typischerweise nicht in einer Einführung in die Moralphilosophie oder die Politische Philosophie finden. Andererseits soll an denjenigen Begriffen, die sich mit Grundbegriffen anderer Disziplinen wie der Soziologie und der Politischen Philosophie überschneiden – man denke nur an «Macht» und «Freiheit» –, die spezifisch sozialphilosophische Perspektive, die wir hier skizziert haben, weiter entfaltet werden. Aus diesen Bestandteilen soll sich am Ende ein Mosaik des Feldes der Sozialphilosophie zusammensetzen, das die weitere Beschäftigung damit lohnend erscheinen lässt.

2. Gemeinschaft und Gesellschaft

Das erste Grundproblem, dem wir uns widmen möchten, betrifft das Verhältnis von Individuum und Gesellschaft, das im Zentrum nicht nur der Sozialphilosophie, sondern auch der Sozialtheorie und der Soziologie im Allgemeinen steht. In diesem und dem folgenden Kapitel soll es darum gehen, wie die Art und Weise, in der Individuen Teil der Gesellschaft sein können, genauer zu verstehen ist. Dabei werden wir in diesem Kapitel das Verhältnis von Gemeinschaft und Gesellschaft behandeln, außerdem die sich daran anschließende Zeitdiagnose der Individualisierung und des Gemeinschaftsverlusts sowie den Begriff der Solidarität als eine mögliche Antwort auf diese Pathologiediagnose. Im folgenden Kapitel werden wir dann Individualismus und Holismus als sozialontologische wie methodologische Positionen in der Debatte über das Verhältnis von Individuum und Gesellschaft diskutieren.

In einem ersten Schritt kann man zwei Perspektiven auf das Verhältnis von Gemeinschaft und Gesellschaft unterscheiden. «Gemeinschaft» und «Gesellschaft» lassen sich nämlich einerseits als zeitlose Kategorien diskutieren. Als solche bezeichnen sie zwei verschiedene Arten von Sozialität oder zwei Typen sozialer Verbindung (und die entsprechenden Einstellungen aufseiten der Individuen), deren Verhältnis zueinander die Sozialphilosophie immer wieder thematisiert hat. Andererseits aber bezeichnet der «gesellschaftliche» Modus der Beziehungen zwischen Individuen ein historisch spezifisches Phänomen, das Hegel in seinen Vorlesungen zur Philosophie des Rechts als das Aufkommen der bürgerlichen Gesellschaft (mit ihren seit Mitte des 19. Jahrhunderts besonders ins Auge springenden Krisenerscheinungen) beschrieben hat. Genau diese historische Situation ist es ja, von der wir einleitend behauptet haben, dass sie (oder ihre Vorläufer) die Ausgangskonstellation der Sozialphilosophie ausmache: eine Konstellation, in der aus bestimmten Gründen (die vor allem mit der Verdichtung des sozialen Verkehrs, der sozialen Beziehungen, der sozialen Interdependenzen zu tun haben) das Soziale selbst zum Thema und Problem wird. Wir wollen daher zunächst kurz auf Hegels Darstellung der bürgerlichen Gesellschaft eingehen, um anschließend «Gemeinschaft» und «Gesellschaft» als soziologische und sozialphilosophische Kategorien einzuführen. Schließlich wollen wir einen Blick auf die Krisendiagnosen werfen, die sich um die hier aufscheinende Problematik herum entwickelt haben und auf die «Solidarität» dann wiederum die Antwort sein soll.

Hegels Begriff der bürgerlichen Gesellschaft

In seinen *Grundlinien der Philosophie des Rechts* von 1821 hat Hegel das moderne Phänomen der Ausdifferenzierung einer Sphäre von Eigentum und Recht erstmals mit dem Begriff «bürgerliche Gesellschaft» belegt und die soziale wie normative Bedeutung dieser Sphäre philosophisch «auf den Begriff gebracht» (vgl. Riedel 1975). Man muss sich klarmachen, dass die Existenz einer «bürgerlichen Gesellschaft», wie sie uns heute ganz selbstverständlich ist, damals ein historisch neues Phänomen war. «Bürgerliche Gesellschaft» bezeichnet die Sphäre der «zwischen den Ebenen der Familie und der staatlichen Institutionen angesiedelten wechselseitigen Verflechtung der ihre Privatinteressen verfolgenden Individuen» (Jaeschke 2003, S. 387). Das entscheidend Neue war, dass die bürgerliche Gesellschaft eine gegenüber Staat und Familie eigenständige und *unpolitische* Sphäre mit dennoch öffentlicher Bedeutung war und ist. Die klassische Politische Philosophie hatte die Identität von Staat und Gesellschaft postuliert (*koinonia politiké* bzw. *societas civilis*). Nun emanzipierte sich eine selbst nicht mehr unmittelbar politisch verfasste, eben «bürgerliche» Gesellschaft gegenüber dem Staat. Aber auch das Individuum emanzipierte sich aus den sozialen Kontexten, in die es bis dahin mehr oder weniger vollkommen eingelassen schien.

Wenn Hegel die bürgerliche Gesellschaft als «die Differenz»

beschreibt, «welche zwischen die Familie und den Staat tritt» (Hegel 1821, § 182 Z), so fasst er diese moderne Gesellschaftsformation als das Resultat zweier Differenzierungsprozesse auf: der Intimisierung und Verkleinerung der Familie zur bürgerlichen Kernfamilie einerseits und der Herausbildung des modernen Verwaltungsstaats andererseits. Wo die Familie kein umfassender, auch ökonomischer Reproduktionszusammenhang mehr ist und der Staat sich immer mehr auf die Verwaltung beschränkt, entwickelt sich die Ökonomie zu einer eigenständigen Sphäre mit öffentlicher Geltung. Hegels Begriff der bürgerlichen Gesellschaft reflektiert damit die «politisch-industrielle Doppelrevolution»: einerseits das Aufkommen der industriellen Arbeitsgesellschaft mit ihrer ungeheuren Freisetzung der Individuen, ihrer Trennung von unmittelbarer Subsistenz und ihrer Eingliederung in einen übergreifenden arbeitsteiligen Produktionsprozess; andererseits die bürgerlichen, politischen Revolutionen mit der Emanzipation der Menschen aus feudalrechtlichen Beschränkungen und Bestimmungen.

Was zeichnet nun den *Bürger* der bürgerlichen Gesellschaft aus? Das Mitglied dieser Gesellschaft ist der von traditionellen Lebensordnungen und ständischer Zuordnung emanzipierte Mensch *als* Mensch, als «allgemeine Person» (§ 209), die nicht in ihrer partikularen Besonderheit betrachtet wird, also nicht in ihrer Eigenschaft als Mitglied bestimmter sozialer Gemeinschaften (§ 209: «nicht weil er Jude, Katholik, Protestant, Deutscher, Italiener usf. ist»). Die Grundlage der bürgerlichen Gesellschaft ist die allgemeine Gleichheit und Freiheit der Individuen, die als Personen im Sinne des abstrakten Rechts Träger individueller Rechte sind. Zugleich aber ist der Bürger dieser Gesellschaft ein Bedürfniswesen und, sofern er seine Bedürfnisse befriedigen will und deshalb ökonomisch tätig werden muss, ein *bourgeois*, ein Wirtschaftssubjekt (§ 182). Die so beschriebenen Individuen sind Hegel zufolge einerseits frei, in dem Sinne, dass sie sich frei Zwecke setzen, also ihre Willkür betätigen können, andererseits aber getrieben und bedingt von unabweisbaren («natürlichen») Bedürfnissen, denen sie entsprechen müssen (dabei hat Hegel vor allem den männlichen Bürger im Blick; vgl. Benhabib 1991).

Hegel konzipiert die bürgerliche Gesellschaft – und auch hier identifiziert er ein zentrales Charakteristikum der Moderne – wesentlich als Arbeitsgesellschaft. Der sie prägende, eigentlich bürgerliche Stand ist das Gewerbe. Sie umfasst aber auch die über den ökonomischen Zusammenhang hinausgehende Sorge für die *rechtliche* und die *soziokulturelle Existenz* ihrer Mitglieder. Deshalb müssen zum «System der Bedürfnisse» (also zur ökonomischen Sphäre) das Rechtswesen, die Polizei (im weiten Sinn einer Verwaltungskörperschaft mit Ordnungsaufgaben, die für die Infrastruktur insgesamt zuständig ist) und die Korporationen hinzutreten; Letztere scheinen als Vertretungen der einzelnen Gewerbe so etwas wie eine Mischung aus mittelalterlichen Zünften, modernen Handwerkskammern und zeitgenössischen Gewerkschaften darzustellen.

Entscheidend ist in diesem Zusammenhang, wie Hegel die innere Struktur der Verhältnisse auffasst, welche die bürgerliche Gesellschaft ausmachen. Diese Gesellschaft beschreibt er als «atomistisch», als Vereinigung freier Individuen zur Realisierung ihrer je besonderen Bedürfnisse. Anders gesagt, verfolgen die Einzelnen in der bürgerlichen Gesellschaft primär ihr individuelles Eigeninteresse: «In der bürgerlichen Gesellschaft ist jeder sich Zweck, alles andere ist ihm nichts.» (§ 182 Z) Diese Gesellschaftsform (und nicht ein imaginärer Naturzustand wie bei Hobbes) ist der «Kampfplatz des individuellen Privatinteresses aller gegen alle» (§ 289). Selbst da, wo die Mitglieder der bürgerlichen Gesellschaft notwendigerweise zueinander in Beziehung treten, ist der dadurch entstehende Zusammenhang zunächst lediglich ein *Mittel* zur Beförderung der je individuellen Zwecke.

Es wäre nun aber falsch zu glauben, die bürgerliche Gesellschaft bestehe einfachhin aus vereinzelten Individuen, die unabhängig voneinander ihre Interessen verfolgen. Die Verhältnisse der «modernen Zeit» beinhalten gerade nicht nur die Auflösung von traditionellen Gemeinschaftsbindungen. Sie bringen auch neue wechselseitige Verflechtungen der Individuen mit sich, die in mancher Hinsicht bindender und zwingender als die alten sind. Schon aufgrund der sich ausdifferenzierenden Arbeitsteilung sind die Einzelnen ja voneinander abhängig, und auch als Nutznießer einer allen gemeinsamen Infrastruktur sind sie unweigerlich aufeinander bezogen. Gerade als Vereinigung unabhängiger, ihre Privatinteressen verfolgender Individuen also schafft die bürgerliche Gesellschaft neue Abhängigkeiten, wird sie zum «System allseitiger Abhängigkeit» (§ 183). Dass so die Abhängigkeit vom – abstrakten – gesellschaftlichen Zusammenhang an die Stelle der Abhängigkeit von konkreten Gemeinschaften tritt, ist der Grund dafür, dass Hegel die bürgerliche Gesellschaft so dramatisch als die «ungeheure Macht» bezeichnet, «die die Menschen an sich reißt» (§ 238 Z). Mit dieser Einschätzung antizipiert er gleichzeitig schon die häufig gewaltsame Dynamik des weltgeschichtlichen Prozesses, in dem sich die «bürgerlichen» Verhältnisse – nach innen wie nach außen – allgemein durchsetzen werden. Das Spannungsverhältnis zwischen Unabhängigkeit und Abhängigkeit aber wird in Hegels Analyse zum Ausgangspunkt der Problematik der bürgerlichen Gesellschaft, an den auch spätere sozialphilosophische Diskussionen anschließen werden.

Zwei Arten von Sozialität

Mit seiner Theorie der bürgerlichen Gesellschaft hat Hegel ein Grundproblem der modernen Sozialphilosophie formuliert, das sich über Marx bis zu den Positionen verfolgen lässt, die in der sogenannten Kommunitarismus-Debatte vorgetragen wurden. Explizit wird die mit diesem Problem verbundene Unterscheidung von Gemeinschaft und Gesellschaft in Ferdinand Tönnies' Buch *Gemeinschaft und Gesellschaft* (1887) eingeführt. Tönnies erblickt darin nicht nur eine deskriptiv-analytische Unterscheidung zweier Formen des Zusammenlebens, sondern auch die Basis einer Zeit- und Pathologiediagnose, in der er mit den Prozessen von Modernisierung und Individualisierung die Problematik des Gemeinschaftsverlusts und die Gefahr sozialer Desintegration assoziiert.

Für Tönnies steht *Gemeinschaft* für jene Formen ursprünglicher Verbundenheit, für jene «organischen» Formen des

Zusammenlebens, in die das Individuum mehr oder weniger vollkommen eingelassen ist und denen es häufig, aber nicht notwendigerweise von Geburt an angehört. Die verschiedenen Formen der Gemeinschaft können dabei entweder durch Herkunft, durch Territorium oder durch das, was Tönnies «Geist» nennt, zusammengehalten werden; als Beispiele werden Familie, Nachbarschaft und Freundschaft genannt. Die Integration der Individuen in die Gemeinschaft verdankt sich nicht bewusster (und stets auch revidierbarer) Entscheidung, sondern der gemeinsamen Kultur und der durch Traditionen und Sitten vermittelten affektiven Identifikation. Dabei besteht das mit dem Gemeinschaftsbegriff assoziierte authentische Miteinander aus engen persönlichen Beziehungen, die als intrinsisch wertvoll und nicht bloß als instrumentell nützlich erfahren werden.

Im Gegensatz dazu bestimmt Tönnies *Gesellschaft* als – von vornherein defizitäre – artifizielle und konstruierte Form des Zusammenlebens, die gerade nicht «organisch gewachsen» ist und sich nicht organisch reproduziert. Sie beruht auf Verträgen und damit der bewussten Entscheidung unabhängiger, autonomer Individuen zur Kooperation hinsichtlich der von ihnen verfolgten Ziele. Als Beispiele für diese spezifisch moderne Form des Zusammenlebens kann man an die Interaktion auf Märkten, im Berufsleben und in relativ anonymen sozialen Systemen wie der Wissenschaft und der staatlichen Bürokratie denken. Die so etablierten und im Prinzip auch wieder auflösbaren Verbindungen werden von Tönnies beschrieben als Nebeneinander von sich mit Gleichgültigkeit begegnenden Fremden. Sie haben keine «sittliche» Substanz, sondern werden durch Egoismus, zufällige Interessenkonvergenz oder Furcht zusammengehalten und drohen daher eher instabil zu sein.

Sind also, nach Tönnies, in der Gemeinschaft die Individuen «wesensmäßig miteinander verbunden», so sind sie in der Gesellschaft «wesentlich getrennt»; beschreibt die Gemeinschaft eine substantielle, unverbrüchliche Einheit und ein organisch aufeinander bezogenes Miteinander, so wird die Gesellschaft als ein mechanisches «Aggregat», ein nur künstlich verbundenes

«Nebeneinander voneinander unabhängiger Personen» aufgefasst (Tönnies 1887, § 1). Genau in diesem Charakterzug liegt denn auch die Gefahr sozialer Desintegration, die Tönnies mit dem historischen Prozess der Verdrängung von Gemeinschaft durch Gesellschaft einhergehen sieht.

Im Vergleich mit Tönnies weniger dichotomisch und wertend konzipiert Max Weber den Unterschied, wenn er zwischen zwei Modi der sozialen Integration unterscheidet: Während Vergemeinschaftung auf subjektiv gefühlter Zusammengehörigkeit beruht, beschreibt Vergesellschaftung den rational motivierten Interessenausgleich zwischen Individuen, etwa in Form von Vereinbarungen und Verträgen (vgl. Weber 1921, S. 21 f.). Mit diesem Verständnis von Vergemeinschaftung und Vergesellschaftung als sozialen Prozessen trägt Weber der heute weithin anerkannten Tatsache Rechnung, dass so gut wie alle real-existierenden Formen des Zusammenlebens Mischformen sind, die Elemente des Gemeinschaftlichen und des Gesellschaftlichen miteinander verbinden und keinem der beiden Idealtypen exklusiv zuzurechnen sind.

Auf diese Weise lässt sich die verbreitete Tendenz ein Stück weit vermeiden, mit der Gegenüberstellung von Gemeinschaft und Gesellschaft kulturpessimistische Klagen zu verbinden über die Kälte und den übermäßigen Rationalismus der durch Interessenverfolgung, Individualismus und Egoismus geprägten bürgerlichen Gesellschaft. Doch selbst wenn der Begriff der Gemeinschaft bzw. der Vergemeinschaftung einer romantischen Verklärung vormoderner oder traditionaler Gemeinschaften entgeht, scheint er kaum geeignet, Herrschafts- und Machtverhältnissen sowie der Bedeutung von Individualität, kritischer Distanzierung und Autonomie Rechnung zu tragen (vgl. Plessner 1924). Nicht zuletzt die Kontinuität zwischen substantialistischen Vorstellungen von Gemeinschaft und der nationalsozialistischen Ideologie einer durch «Blut und Boden» zusammengehaltenen «Volksgemeinschaft» hat den Begriff nach dem Zweiten Weltkrieg deutlich diskreditiert.

Allerdings ist der Gemeinschaftsbegriff damit nicht aus der Debatte verschwunden: Die skeptische Einstellung gegenüber den für moderne Gesellschaften kennzeichnenden Prozessen der Individualisierung hat sich in der Debatte um den sogenannten Kommunitarismus mit einer Skepsis gegen das vom modernen Liberalismus vorausgesetzte Verständnis des Verhältnisses von Individuum und Gesellschaft verbunden (vgl. Honneth 1993). Diese Debatte hat in den 1990er Jahren die Politische Philosophie ebenso wie die Sozialphilosophie bestimmt. Kritisiert wird von kommunitaristischer Seite die individualistische Schlagseite des politischen Liberalismus, vor allem der von John Rawls in *Eine Theorie der Gerechtigkeit* (1971) präsentierte Entwurf, in dem das vernünftige, eigeninteressierte Individuum der zentrale normative und methodologische Bezugspunkt ist und der historische Prozess der Individualisierung entsprechend normativ affirmiert wird. Gegen diese Sicht wird eingewandt, dass ein atomistisches Bild von vereinzelten Individuen, die sich nach dem Modell der Vertragstheorie zu einer Gesellschaft zusammenschließen, der wesentlich sozialen Natur des «eingebetteten Selbst» (Sandel 1984) nicht gerecht werde und die Bedeutung kultureller Normen und geteilter Werthorizonte vernachlässige. Allein eine in gemeinsamen Normen und Werten fundierte soziale Bindung und Orientierung auf das Gemeinwohl könne für dauerhaften sozialen Zusammenhalt und schließlich auch für die Möglichkeit eines erfüllten Lebens der Gesellschaftsmitglieder sorgen.

Wie schon bei Tönnies wurden jedoch auch in dieser Diskussion sozialontologische, zeitdiagnostische und normative Aspekte nicht immer sauber voneinander getrennt. Die Behauptung eines «Vorrangs der Gemeinschaft», die der Behauptung vom «Vorrang der Individuen» gegenübergestellt wurde, kann nämlich einerseits die sozialontologische These beinhalten, dass sich der individuelle Selbstbezug nur vor dem Hintergrund überindividueller sozialer und kultureller Bezugspunkte verstehen lässt. Andererseits aber spielt in diese Position die Diagnose hinein, dass die Vorherrschaft individueller Einstellungen normativ problematisch ist sowie – zeitdiagnostisch betrachtet – zur moralischen und sozialen Desintegration moderner Gesellschaften führen muss. Es folgt aber aus dem sozialontologischen und methodologischen «Vorrang der Gemeinschaft» im Sinne des Holismus nicht notwendig schon ein normatives Primat der Gemeinschaft vor dem Individuum. Und genauso wenig lässt sich aus der Sozialontologie die problematische, aber unter Kommunitaristen weit verbreitete Ansicht ableiten, dass die Individualisierung gleichzeitig mit der kulturellen Homogenität, der Orientierung auf das Gemeinwohl und der Identifikation mit dem Kollektiv auch die Voraussetzungen demokratischen Zusammenlebens unterminiert.

Allerdings haben sowohl Tönnies als auch der Kommunitarismus auf potentiell problematische Effekte der Modernisierung und Individualisierung der Gesellschaft hingewiesen, die auch für die Sozialphilosophie der Gegenwart von Relevanz sind. Es ist aus dieser Perspektive kein Zufall, dass die Entstehung des modernen Liberalismus genau in die Zeit des Aufstiegs der bürgerlichen Gesellschaft fällt: Vom Liberalismus wird mit seiner Betonung individueller Rechte genau jener realhistorische Prozess der Individualisierung normativ affirmiert, der aus einem anderen Blickwinkel als Hauptursache von Anonymisierung, Desintegration und Entfremdung erscheint. Das begriffliche Instrumentarium zur Analyse dieser Krisenerscheinungen muss jedoch komplexer sein, als es die Gegenüberstellung von Gemeinschaft und Gesellschaft erlaubt. Ressourcen hierfür lassen sich in der Geschichte der Sozialphilosophie durchaus finden. So hat, wie wir gesehen haben, bereits Hegel sowohl auf die freiheitsfördernden Chancen als auch auf die potentiellen «Pathologien» hingewiesen, die die Ausdifferenzierung moderner Gesellschaften in die sozialen Sphären von Familie, bürgerlicher Gesellschaft und Staat mit sich bringt. Die bürgerliche Gesellschaft umfasst Hegel zufolge beides: Sie ist als Sphäre rechtlicher Unabhängigkeit und ökonomischen Austauschs zum einen Ort der Verwirklichung individueller Privatinteressen und damit auch der Freiheit von Familie und Staat, zum anderen aber Ursache spezifisch moderner Phänomene der Abhängigkeit, Entfremdung und Verelendung. So beschreibt Hegel als «Pöbel» jene soziale Schicht der Ausgestoßenen, die das moderne Wirtschaftssystem notwendigerweise produziert, ihrem eigenen

Schicksal und damit der zunehmenden Verelendung überlässt. Dabei ist der entscheidende Zug von Hegels Analyse die Einsicht in die «Dialektik der bürgerlichen Gesellschaft» und in die widersprüchliche Situation, die sich dadurch ergibt, dass die neuen Abhängigkeiten, die durch die Auflösung der alten Bindungen entstehen, nicht als solche wahrgenommen, gestaltet, «sittlich transformiert» werden. Unter Sittlichkeit versteht Hegel jene geschichtlich und kulturell vermittelten Praktiken und Institutionen, die den Bereich des «objektiven Geistes» ausmachen. Hegel zufolge müsste eine adäquate Analyse die Bedingungen einer modernen Sittlichkeit ausbuchstabieren, die dem «Recht der Individuen» auf ihre Besonderheit gerecht wird, ohne die diese bestimmenden sozialen Interdependenzen zu leugnen (vgl. Pippin 2005).

Émile Durkheim, einer der Begründer der Soziologie als Disziplin, reagiert auf dieselbe Problemlage wie Tönnies und vor ihm Hegel, zieht daraus aber andere Konsequenzen. Die zunehmende Individualisierung führt seines Erachtens nämlich nicht notwendigerweise zu sozialem Verfall und Desintegration, sondern eher zu einem Formwandel des sozialen Bandes bzw. der sozialen Integration (vgl. Durkheim 1893). Diesen Formwandel begreift Durkheim mit Hilfe der Unterscheidung von mechanischer und organischer Solidarität. Während die mechanische Solidarität auf Ähnlichkeit und Gleichheit und deren Artikulation in einem geteilten Kollektivbewusstsein beruht (und damit auf Gemeinschaft im Sinne von Tönnies verweist), entsteht organische Solidarität im arbeitsteiligen und komplexen sozialen Zusammenhang moderner Gesellschaften. In diesem sozialen Kontext werden die Individuen mit ihren je spezifischen Fähigkeiten und Funktionen zum einen immer autonomer, sind aber zum anderen immer stärker aufeinander angewiesen, weil alle sozial relevanten Tätigkeiten auf komplexe Weise ineinandergreifen. «Organisch» ist der daraus resultierende Zusammenhang moderner Gesellschaften nicht, weil er organisch gewachsen wäre, sondern weil die Kompetenzen, Leistungen und Beiträge der Individuen zu der als arbeitsteiliger Kooperationszusammenhang aufgefassten Gesellschaft wie die Teile eines

Organismus aufeinander angewiesen sind. «Mechanisch» ist die dem gegenübergestellte vormoderne Art von Solidarität, sofern sie das einander Ähnliche mechanisch zusammenhält. Allerdings sieht auch Durkheim das Risiko einer Gefährdung jenes organischen Zusammenhangs durch soziale Kooperations- bzw. Koordinationsdefizite und damit einen Mangel an Regulierung. Diese Defizite gehen häufig mit Intransparenz und Ungerechtigkeit einher und äußern sich dann in jenen Erfahrungen der Entfremdung, der Desorientierung und der sozialen Fragmentierung, die Durkheim zufolge für den Zustand der «Anomie» charakteristisch sind (vgl. Durkheim 1897; Merton 1949, Kap. 4 und 5).

Damit ist eine Herausforderung moderner Gesellschaften beschrieben, die nicht durch ein Zurück in die vermeintlich heile Welt der Gemeinschaft bewältigt werden kann, sondern nur durch ein angemessenes Verständnis und eine entsprechende Gestaltung der Interdependenzen in diesen Gesellschaften. Wie Hegel und Durkheim erkannt haben, werden die Individuen unter den Bedingungen der Moderne nicht nur unabhängiger von traditionellen Lebenszusammenhängen, sondern sind gleichzeitig – in einer Art «Dialektik der Individualisierung» – durch den neuentstandenen Zusammenhang der bürgerlichen Gesellschaft in immer stärkerem Maße, wenn auch auf veränderte Weise bestimmt. Und von dem Pragmatisten John Dewey kann man lernen, dass die Verdichtung wechselseitiger Abhängigkeiten, die mit der Freisetzung der Individuen aus vormodernen Gemeinschaftsbindungen einhergeht, die Notwendigkeit der Verständigung über die Erfordernisse und Probleme sozialer Kooperation verstärkt. Daraus ergeben sich auch steigende Anforderungen an soziale und politische Institutionen als Instanzen kollektiver Problemlösungen (Dewey 1927).

Individualistische Ansätze leugnen diese Herausforderungen entweder ganz oder gehen davon aus, dass sich die Interdependenzverhältnisse durch die «unsichtbare Hand» wie von selbst ordnen oder durch Verträge ordnen lassen. Damit entgeht ihnen aber, dass auch moderne Formen der Individualität wie der Koordination von Praktiken, Gewohnheiten und Institutionen abhängig sind, die Hegel als «Sittlichkeit» und Durkheim als vorvertragliche Grundlagen von Verträgen bezeichnet.

Solidarität

In diesem Zusammenhang ist es hilfreich, mit dem Begriff der Solidarität auf einen Schlüsselbegriff von Durkheims Theorie zurückzukommen und diesen auf sein sozialphilosophisches Potential zu überprüfen. Ein zeitgemäßes Verständnis von Solidarität könnte dabei helfen, die Dichotomie von Gesellschaft und Gemeinschaft zu überwinden, also weder die Herausforderungen für den Zusammenhalt moderner Gesellschaften zu leugnen noch ein Zurück in die romantisierte vormoderne Gemeinschaft als vermeintliche Lösung zu präsentieren (vgl. Jaeggi 2001).

Solidarität nimmt insofern eine Zwischenstellung zwischen den Polen von Gemeinschaft und Gesellschaft ein, als sie ohne eine starke bzw. substantielle gemeinschaftliche Unterfütterung auskommen muss und doch mehr ist als die punktuelle, stets instabile Kooperation eigeninteressierter Individuen. Allerdings ist der Begriff der Solidarität notorisch unscharf. Er ruft Konnotationen auf, die von der christlichen Nächstenliebe bis zum Solidaritätszuschlag reichen, ohne dass wirklich klar wäre, wie die Struktur solidarischer Verhältnisse zu verstehen ist. Welche Art von Verbindung beschreiben und evozieren wir also, wenn wir eine Gruppe oder einen gesellschaftlichen Zustand als solidarisch beschreiben oder von jemandem Solidarität erwarten?

Wie bei vielen sozialphilosophischen Begriffen lassen sich auch hier deskriptive und normative Komponenten nicht einfach voneinander trennen. Denn mit dem Begriff der Solidarität werden sowohl ein faktisch bestehendes soziales Band als auch die damit verbundene normative Erwartung und die praktische Haltung des Füreinander-Einstehens aufgerufen. Setzt man am semantischen Gehalt des Begriffs an, so ergibt sich folgendes Bild: Im Unterschied zur Freundschaft handelt es sich bei der Solidarität um eine nicht notwendigerweise direkte, sondern meist vermittelte und indirekte Beziehung der Identifikation mit jemandem oder etwas. Solidarität ist auch unter Fremden möglich, etwa als Solidarität mit den Aufständischen in einer Diktatur (vgl. Brunkhorst 2002). Im Unterschied zu einer Koalition ist Solidarität nicht strategisch dem Eigeninteresse geschuldet, das zufällig mit dem anderer koinzidiert, sondern Ausdruck einer tieferen Verpflichtung und Identifikation. Gegenüber der unumschränkten und auch als hierarchisches Verhältnis denkbaren Loyalität stellt sich Solidarität nicht nur als tendenziell universalisierbares Verhältnis dar, zum Beispiel in der Forderung nach «internationaler Solidarität»; sie beinhaltet darüber hinaus stets auch einen Legitimitätsanspruch, an dem sich entscheiden kann, ob solidarische Verhältnisse bestehen bleiben oder zerfallen. Entscheidend ist schließlich auch die Abgrenzung konstitutiv symmetrischer solidarischer Verhältnisse vom einseitig-asymmetrischen Verhältnis des Mitleids und der Hilfsbereitschaft, in dem einer aktiven Helferin eine passive Empfängerin gegenübersteht.

Zusammenfassend lässt sich daher sagen, dass Solidarität eine symmetrisch-reziproke und nicht-instrumentelle Beziehung des Füreinander-Einstehens auf der Grundlage geteilter Herausforderungen, Erfahrungen oder Projekte ist und mit dem Anspruch der Legitimität verbunden ist. Dabei ist die behauptete Reziprozität als eine Art *erweiterter Reziprozität* zu verstehen, die nicht immer in der direkten Wechselseitigkeit von Leistung und Gegenleistung besteht, sondern über die Identifikation mit gemeinsamen Zielen bzw. das Interesse an der Erhaltung einer gemeinsamen Lebensform vermittelt sein kann (vgl. Honneth 2015). Entsprechend müssen sich auch die hier implizierten Kooperationsverhältnisse als *intrinsische* Kooperation verstehen lassen, die nicht lediglich das beste Mittel zur Erreichung eines individuellen Ziels bzw. aggregierter individueller Ziele darstellt, sondern potentiell der Erreichung genuin kooperativer Ziele (mit Charles Taylor: irreduzibel sozialer Ziele) dient, die nur als gemeinsame formuliert und erreicht werden können.

Dass das «Wir» der solidarischen Beziehungen nicht festgelegt (oder gar gewachsen), sondern offen und ausweitbar ist, macht die Basis der Solidarität gleichzeitig prekär: Solidarität beruht nicht auf einer «verborgenen Essenz» kollektiver Identitäten, ist also nicht einfach gegeben; sie muss vielmehr von den in verschiedene Identitäten, Kooperationsbeziehungen und Interdependenzen involvierten Individuen immer erst «realisiert», durch gemeinsame Praxis geschaffen werden. So reicht, wie das Schicksal der dem Nationalismus verfallenden Arbeiterbewegung im Ersten Weltkrieg zeigt, die gemeinsame soziale Lage manchmal nicht aus, um Solidaritäten zu erzeugen. Entgegen der skizzierten Gemeinschaftsrhetorik generieren gemeinsame Identitätsmerkmale, Ähnlichkeiten, eine gemeinsame Herkunft oder Vertrautheit eben nicht von sich aus Solidarität, ganz abgesehen davon, dass moderne Individuen typischerweise multiple Rollen und Identitäten besitzen und den damit verbundenen Solidaritätserwartungen unterliegen. Genau deshalb empfiehlt es sich für ein modernes, nicht-essentialistisches Verständnis von Solidarität, diese nicht als gemeinsames «Sein» und ursprüngliche Verbundenheit, sondern als aktives Vermögen und gemeinsame Praxis zu konzipieren (vgl. Shelby 2007). Sofern Solidarität damit auf die Fähigkeit verweist, sich aktiv und positiv auf soziale Bedingungen und Interdependenzen zu beziehen, in die man wohl oder übel immer schon eingelassen ist, bedeutet Solidarität, zu verstehen, dass man assoziiert ist. Sie ist mithin eine der gemäßigt holistischen Perspektive der Sozialphilosophie entsprechende Haltung. Dabei ist das Assoziiertsein nicht immer eine offen zu Tage liegende Verbindung. Es ist meist weder willkürlich herstellbar noch folgenlos zu ignorieren. Solidarität ist insofern immer *gleichzeitig gegeben und gemacht.*

Diese Auffassung hat nun auch Folgen für das Verständnis von Prozessen der Solidarisierung wie der Entsolidarisierung. Solidarisierungsprozesse sind, so betrachtet, Prozesse der «Ermächtigung», die es erlauben, Situationen des gemeinsamen Lebens aktiv zu gestalten, denen man sonst passiv unterworfen wäre. Das bedeutet eine Erweiterung kollektiver Handlungsfähigkeit, die gleichzeitig die Möglichkeit der Individuen befördert, ihr eigenes Leben zu gestalten. An dieser Stelle geht der Begriff der Solidarität dezidiert über den Gegensatz von Individuum und Gemeinschaft hinaus und verweist auf die wechselseitige Bedingtheit der Autorschaft des kollektiven und des individuellen Lebens. Wie wir auch im Kapitel über Freiheit und Sozialität sehen werden (Kap. 4), kann auch individuelle Freiheit daher letztlich nur als soziale begriffen werden – eine Konsequenz jener Position, die wir im folgenden Kapitel als Holismus näher kennenlernen werden. Umgekehrt bedeutet Entsolidarisierung weniger den Verlust von Gemeinschafts- oder Nahbeziehungen als den Verlust individueller und kollektiver Handlungsfähigkeit. In der damit angeschnittenen «demokratischen» Perspektive auf Solidarität sind Defizite in der Solidarisierung nicht der Anonymität oder Abstraktheit moderner Institutionen per se geschuldet (also dem, was aus einer an Tönnies orientierten oder kommunitaristischen Perspektive als «Gemeinschaftsverlust» erscheint), sondern dem etwa undemokratischen oder unzugänglichen Charakter dieser Institutionen. Vor diesem Hintergrund erscheint dann selbst die Idee einer «digitalen Solidarität» keineswegs als Widerspruch, sondern als ein weiterer möglicher Strukturwandel der Solidarität, der auf Erfahrungen und Praktiken des Teilens und des Austausches in transnationalen Netzwerken beruht (vgl. Stalder 2013).

3. Individuum und Gesellschaft

Wenn Menschen wesentlich soziale Lebewesen und konstitutiv in soziale Beziehungen, Praktiken und Institutionen eingebettet sind, auf welche Weise lässt sich das Verhältnis von Individuum und Gesellschaft dann genauer begreifen? Aus sozialontologischer und methodologischer Sicht geht es hierbei nicht um Fragen wie die, ob wir individualistisch sein oder uns mehr auf gemeinsame Werte beziehen *sollten*. Vielmehr ist zu fragen, wie wir uns und unser Handeln als Individuen in einer Gesellschaft verstehen können und wie die Beschaffenheit sozialer Phänomene zu erläutern ist. Mit anderen Worten: Hatte die ehemalige britische Premierministerin Margaret Thatcher recht mit ihrer Behauptung «There is no such thing as society»? Auf diese Fragen geben Holismus und Individualismus entgegengesetzte Antworten: Während dem Individualismus zufolge alle sozialen Phänomene ontologisch (mit Bezug auf ihre Beschaffenheit oder ihr «Sein») und explanatorisch (in der Weise, wie sie erklärt und verstanden werden) zurückführbar sind auf die Handlungen und Einstellungen von Individuen, schreibt der Holismus sozialen Entitäten eine Realität sui generis sowie eine eigenständige explanatorische (und manchmal auch ontologische) Relevanz zu. Die entsprechenden Debatten vor allem in der Philosophie der Sozialwissenschaften sind sehr komplex und haben zahlreiche Positionen hervorgebracht, die auf die Einwände der jeweiligen Gegenseite reagieren. Hier können wir nur eine grobe Orientierung bieten, die wir mit dem Plädoyer für einen gemäßigten Holismus als spezifisch sozialphilosophische Position verknüpfen werden.

Individualismus

Die Position des Individualismus hat einen prägnanten Ursprung bei Thomas Hobbes, der in seinen Werken, am einflussreichsten im *Leviathan* (1651), für einen methodischen Neuansatz in der Politischen und der Sozialphilosophie eintritt. Alle gesellschaftlichen Phänomene sollen in die letzten Bestandteile zerlegt werden, aus denen sie zusammengesetzt sind: Individuen und ihre Handlungen. Diese Individuen müssen wir Hobbes zufolge so betrachten, als seien sie «gleichsam wie Pilze [...] plötzlich aus der Erde hervorgewachsen» und in ihrem Handeln – «ohne dass einer dem anderen verpflichtet wäre» – nur durch das Motiv der Selbsterhaltung bestimmt (Hobbes 1642, S. 161). Genau diese Vorstellung von Menschen als zunächst unverbundenen Einheiten und vom Sozialen als *Zusammenfügung von Atomen*, von als selbstgenügsam gedachten Individuen ist es, was man als Individualismus oder Atomismus bezeichnet.

Wie bereits angedeutet, sind hier zwei miteinander zusammenhängende Aspekte zu unterscheiden. Zum einen wird behauptet, dass Individuen das ursprüngliche Phänomen und die basale Einheit darstellen, aus der sich alles Weitere zusammensetzt.

Zum anderen werden soziale Phänomene (wie etwa Institutionen oder Gruppen) dann begriffen als zurückführbar auf die in ihnen wirkenden Individuen; kollektives Handeln (etwa auf dem Fußballfeld oder bei einer Revolution) wird verstanden als Zusammenhandeln von Individuen bzw. als Koordination individueller Handlungen, die ihrerseits an der Verfolgung je individueller Ziele ausgerichtet sind. Mit anderen Worten: Dem *sozialontologischen* Individualismus zufolge lassen sich alle sozialen Phänomene auf individuelle Akteure und deren Handlungen reduzieren, da sie aus nichts anderem bestehen. Und dem *methodologischen* Individualismus zufolge sind nur diejenigen Erklärungen sozialer Phänomene gültig, die diese auf individuelles Handeln zurückführen. (Beide sind wiederum vom *normativen* Individualismus zu unterscheiden, der das Individuum zum primären Träger normativer Ansprüche macht, die durch individuelle Rechte zu schützen sind; vgl. Lukes 1973.)

Eine einflussreiche Artikulation der individualistischen Position finden wir etwa bei einem Hauptvertreter des Utilitarismus, John Stuart Mill: «Die Gesetze von den gesellschaftlichen Phänomenen sind faktisch und der Möglichkeit nach nichts anderes als die Gesetze der Handlungen und Leidenschaften der im Gesellschaftszustand vereinigten Menschen. Aber auch im Zustand der Gesellschaft bleiben die Menschen immer noch Menschen; ihre Handlungen und Leidenschaften gehorchen den Gesetzen der Natur des Einzelmenschen.» (Mill 1843, S. 91) Dieselbe Auffassung wird in der gegenwärtigen Debatte von Jon Elster vertreten, wenn er – ganz ähnlich wie Thatcher – behauptet: «Es gibt keine Gesellschaften, sondern nur Individuen, zwischen denen es zu Interaktionen kommt.» (Elster 1989, S. 248) Dabei werden – etwa in der Rational-Choice-Theorie – diese Interaktionen häufig so konzipiert, dass in ihnen von rationalen Eigeninteressen geleitete Akteure eben diese Interessen unter strategischer Einbeziehung der möglichen Reaktionen anderer verfolgen: Kriminalität oder revolutionäre Bewegungen haben dann weniger mit strukturellen Ursachen zu tun als mit der Kosten-Nutzen-Abwägung rationaler Individuen, die ihre Optionen und etwa das Risiko einer Verurteilung oder die Chancen eines erfolgreichen Umsturzes abwägen. Eine Erklärung sozialer Phänomene muss also zeigen, wie diese aus Einzelhandlungen hervorgehen. Die Dynamik der Gesellschaft ist durch nichts anderes bestimmt als durch solche Handlungen von Individuen. Auch in der Geschichte gibt es letztlich keine anderen Akteure als Individuen wie etwa «das Proletariat» oder «die Elite».

Holismus

Vor allem gegen die stärkere – nicht allein ontologische, sondern auch methodologische – Variante des Individualismus wenden sich Vertreter des sogenannten Holismus, den wir bereits ansatzweise skizziert haben und zu dessen wichtigsten Inspirationsquellen sozialphilosophische Klassiker wie Hegel und Durkheim gehören. Sie räumen kollektiven sozialen Phänomenen eine Art von methodologischem und mitunter auch ontologischem «Vorrang» ein und gehen von der Existenz sozialer Ganzheiten (etwa «der Gesellschaft») aus, die mehr als die Summe ihrer Teile sind (vgl. Durkheim 1985; Adorno 1965, S. 9 f.). Einem solchen sozialen Holismus zufolge lassen sich kollektive Phänomene wie Kulturen oder Klassen weder methodologisch noch ontologisch auseinandernehmen und zurückführen auf das Individuum als vermeintlich basalste Einheit. Auch diese Gegenposition hat eine lange Geschichte: So vertraten vor Hegel und Durkheim bereits Giambattista Vico und Johann Gottfried Herder im 18. Jahrhundert die holistische Auffassung, dass sich soziale und historische Phänomene – etwa kulturelle und sprachliche Praktiken – nicht individualistisch verstehen lassen, sondern allein aus den wesentlich sozialen Kontexten heraus, in denen sie sich entwickelt haben (vgl. Taylor 1995, Kap. 5).

Für den Holismus ist also die Annahme prägend, dass Gesellschaft als «Einheit» zu betrachten ist, die eine Realität sui generis und eine spezifische Funktionslogik besitzt und manchmal analog zu einem biologischen Körper als «organisch» vorgestellt wird. Diese «Einheit» kann nicht einfach in einzelne Atome zerlegt werden, sondern besteht aus aufeinander bezogenen und funktional aufeinander angewiesenen Teilen. Entsprechend gehen Vertreter dieser Position von einer «Priorität» des Sozialen bzw. Kollektiven vor dem Individuellen aus, da sich auch die Identität oder die spezifische Differenz des Individuellen – etwa die Eigenschaften von Individuen mit bestimmten sozialen Rollen – erst aus dem Sozialen ergibt. Die Gesellschaft ist den Individuen vorgängig und prägt, wer sie sind und was sie tun.

Zumindest in seinen heute noch diskutierten Varianten leugnet der Holismus natürlich nicht, dass es Individuen gibt und dass diese die Gesellschaft durch ihr Handeln beeinflussen können. Ihm zufolge handelt es sich bei den Individuen und ihren Taten jedoch nicht um unabhängig von der Gesellschaft bestehende Elemente, die als ontologisch und explanatorisch grundlegend betrachtet werden könnten. Gesellschaftliche Phänomene können daher aus holistischer Perspektive nicht mit Bezug auf Individuen und ihre Einzelhandlungen erklärt werden. Gerade umgekehrt gilt: Das Handeln von Individuen kann nur verstanden werden mit Bezug auf das gesellschaftliche Ganze und die Rollen und Positionen, die Individuen darin einnehmen (vgl. Hollis 1994, S. 31). In den Sozialwissenschaften wird diese Position häufig dahingehend formuliert, dass nicht die Einzelhandlungen von Individuen, sondern soziale Strukturen (im Anschluss an Marx etwa die Klassenstruktur der Gesellschaft) im Zentrum der Analyse zu stehen haben. Aus dieser Perspektive müsse gefragt werden, welche Funktion die Einzelhandlungen für das Ganze der Gesellschaft (etwa die Reproduktion der Klassenstruktur oder die Stabilisierung von Machtverhältnissen) haben.

Plädoyer für einen gemäßigten Holismus

Wie wir gesehen haben, wirft die Kontroverse zwischen Individualismus und Holismus (mindestens) zwei Fragen auf. Zum einen die sozialontologische Frage: Ist Gesellschaft, sind soziale Phänomene eine Realität sui generis oder zusammengesetzt aus den Handlungen einzelner Individuen und auf diese reduzierbar? Sind eigenständige Individuen die basalen Einheiten des

Sozialen oder stehen die Menschen immer schon in einer Beziehung zueinander, durch die sie konstituiert werden und aus der heraus sie handeln? Was also ist der *Stoff des Sozialen* und wie ist dieser Stoff gewebt? Zum anderen die methodologische Frage: Wie ist die *Dynamik des Sozialen* zu erklären und welche Rolle spielen Individuen und ihre Handlungen darin? Welches sind die treibenden Kräfte, die konstituierenden Momente dieser Dynamik wie auch der Geschichte: individuelle *Handlungen* oder soziale *Strukturen* und Entwicklungstendenzen, die diese Handlungen bestimmen? Beide Fragen hängen natürlich zusammen, aber nicht notwendigerweise so, dass aus einem holistischen Verständnis des «Stoffes» des Sozialen automatisch die Leugnung der Bedeutung von individuellen Handlungen für die Dynamik der Geschichte folgen würde.

Angesichts der Tatsache, dass der Individualismus die weiter verbreitete Position ist, kann man sich fragen, warum offensichtlich so viel für ihn spricht. Zunächst einmal scheint er intuitiv einleuchtender: Wenn wir soziale Phänomene beobachten, beobachten wir Individuen, die handeln und zusammen handeln. Wir wissen alle, dass ein Fußballteam nur aus seinen Spielern und eine Partei nur aus ihren Mitgliedern besteht und dass es eine Abkürzung ist zu sagen, «die Regierung» habe dies oder das beschlossen. Der Holismus hingegen erscheint als diffus und mystisch: Was genau soll das «größere Ganze» der Gesellschaft sein und wie kann man es erkennen? Wodurch sollen soziale Phänomene konstituiert sein, wenn nicht durch Individuen? Und wer soll handeln, wenn nicht die individuellen Akteure? Das Unterfangen, den Holismus plausibel zu machen oder auch nur zu verstehen, scheint also vor einigen Herausforderungen zu stehen.

Allerdings spricht bei genauerem Hinsehen auch einiges für den Holismus. Es ist eine offensichtliche Wahrheit, dass Individuen nie völlig für sich stehen, sondern immer in soziale Kontexte eingelassen sind, durch die sie mehr oder weniger bestimmt werden. Bis in unsere unscheinbarsten Gesten sind wir durch die Menschen, mit denen wir zusammenleben und an denen wir uns orientieren, geprägt. Zudem lassen sich viele Beispiele für genuin kollektive Phänomene nennen: von der sich individueller Kontrolle entziehenden Dynamik kollektiven Handelns z. B. bei einem Streik über Institutionen (eine Armee ist mehr als viele Soldaten) bis zu einem besonderen Typus von «Gütern» (z. B. Sprache und Kultur), die sich nur als soziale und mit anderen geteilte überhaupt verstehen lassen.

Natürlich kann man aus beiden Perspektiven versuchen, Phänomene dieser Art zu erklären. Auch von individualistischer Seite sind hierfür interessante Konzepte entwickelt worden wie das der nicht-intendierten Handlungsfolgen (Merton 1936) oder das der «unsichtbaren Hand», mit dem Adam Smith eine Situation beschreibt, in der sozial vorteilhafte Ergebnisse gerade dadurch zustande kommen, dass alle beteiligten Individuen ihr Eigeninteresse verfolgen (Smith 1776, Buch IV, Kap. 2.9). Diese Erklärungen wirken jedoch in manchen Fällen (wie etwa dem Funktionieren von Institutionen) etwas gezwungen und scheinen sich auch mit unserem intuitiven Verständnis kollektiven Handelns und sozialer Bewegungen nicht zu decken. So bemerkt etwa Georg Simmel: «Die eigensinnige Behauptung: es gäbe doch nun einmal nur menschliche *Individuen*, und sie allein seien deshalb die konkreten Gegenstände einer Wissenschaft, kann uns nicht hindern, von der Geschichte des Katholizismus oder der Sozialdemokratie, von Städten und Reichen, von der Frauenbewegung und der Lage des Handwerks und tausend anderen Gesamtereignissen und Kollektivgebilden zu sprechen – und nicht anders von der Gesellschaft überhaupt. So ausgedrückt ist sie freilich ein abstrakter Begriff, aber jede der unzähligen Ausgestaltungen und Gruppierungen, die er umfasst, ist ein erforschbares, erforschenswertes Objekt, das keineswegs aus den einzeln aufgewiesenen individuellen Existenzen besteht.» (Simmel 1917, S. 9)

Eine gemäßigt holistische Position kann diesen Intuitionen gerecht werden, ohne in mystischen Kollektivismus zu verfallen. Wie bereits angedeutet, kann man den Nutzen holistischer – also über den Verweis auf individuelle Handlungen und Einstellungen hinausgehender – Erklärungen verteidigen, ohne damit starke holistische Annahmen über die vielen suspekte eigenständige Realität von Gruppen mit eigenen Intentionen etc. zu verbinden. Als Holistin muss man soziale Entitäten nicht unbedingt als Organismen oder Systeme im strikten Sinn verstehen, die funktionalistischen Erklärungen zugänglich sind, welche keinen Bezug auf individuelle Handlungen oder Intentionen nehmen (vgl. etwa Luhmann 1984). In einer solchen «erklärensorientierten Variante» kämen individuelle Handlungen tatsächlich *allein* mit Bezug auf ihre sozialen Zwecke (etwa die Reproduktion oder Stabilisierung der sozialen Ordnung) in den Blick. In der schwächeren – und unseres Erachtens plausibleren – Variante des Holismus ist hingegen nur von der Notwendigkeit die Rede, individuelles Verhalten – z.B. die Wahl einer bestimmten Partei – durch Bezugnahme auf soziale Entitäten – wie etwa die Klassenstruktur der Gesellschaft – zu erklären, denen eine gewisse Kausalität zukommt, die aber zugleich auch von den Akteuren beeinflusst werden können (Hollis 1994, S. 153). Zudem kann man im Sinne eines gemäßigten ontologischen Holismus argumentieren, dass Individuen konstitutiv (und nicht allein kausal) abhängen von sozialen Kontexten und intersubjektiven Beziehungen: Die Ausbildung kognitiver Fähigkeiten, die für Individualität wesentlich sind, ist nicht nur kausal abhängig von der Rolle von Eltern, Lehrerinnen etc., sondern hängt konstitutiv – d.h. in ihrer Möglichkeit – von vorgängigen Bedingungen wie einer geteilten Sprache und Kultur ab (vgl. Pettit 1998).

Auch in der gegenwärtigen Debatte über kollektives Handeln und kollektive Intentionalität lässt sich eine gewisse individualistische Schlagseite ausmachen (vgl. Schmid/Schweikard 2009). Schon die Beispiele, von denen diese Diskussion ausgeht, sind oft sehr kleinformatig gewählt – das gemeinsame Spazierengehen oder das Anrühren einer Sauce Hollandaise statt, sagen wir, der sozialtheoretisch vermutlich aufschlussreicheren Dynamik revolutionären Handelns, wie Sartre sie am Beispiel des Sturms auf die Bastille diskutiert (Sartre 1960, Teil D). Und den prominentesten Positionen in dieser Debatte zufolge sind kollektive Handlungen und Intentionen stets aus individuellen Handlungen und Intentionen zusammengesetzt und lassen sich auf diese reduzieren. In eine andere, holistische Richtung weist jedoch auch das Phänomen irreduzibel sozialer Güter, die sich, wie wir im Folgenden zeigen wollen, nur adäquat begreifen lassen, wenn man den individualistischen bzw. atomistischen Rahmen verlässt.

Irreduzibel soziale Güter

Das hier einschlägige Argument findet sich in der einflussreichen Verteidigung des Holismus durch Charles Taylor (1995, Kap. 7). Bei den von ihm als *irreduzibel sozial* charakterisierten Gütern – man denke etwa an Kultur, Sprache oder Solidarität – handelt es sich um Güter, die man nicht verstehen kann, wenn man in der Linie des Individualismus argumentiert, Güter seien immer nur Güter für bestimmte Individuen, also gut für Individuen als Individuen mit ihren jeweiligen Interessen. Im Unterschied zu den Gütern, die gemeinhin als öffentlich bezeichnet werden – wie etwa ein Leuchtturm oder eine saubere Umwelt –, weil von ihrem Konsum niemand ausgeschlossen werden kann und weil sie von verschiedenen Individuen gleichzeitig konsumiert werden können, sind irreduzibel soziale Güter in Taylors Sinn darüber hinaus konstitutiv sozial: Ihre Entstehung, ihre Funktionsweise und ihre «Nutzung» sind so beschaffen, dass die Individuen darin wesentlich und auf nicht-instrumentelle Weise aufeinander bezogen sind.

Taylor zufolge geht es im Sozialen, in unserem Tun und Wollen in sozialen Kontexten, immer um Ereignisse und Objekte, die mit Bedeutung aufgeladen sind. Bedeutungen aber sind abhängig von der Existenz einer Sprache und einer Gemeinschaft von Sprechern, die diese Sprache sprechen, so dass jedes einzelne Ereignis oder Objekt nur vor diesem wesentlich sozialen Hintergrund als bedeutungsvoll verstanden werden kann. Das lässt sich auch auf mich als Individuum übertragen, denn meine soziale Rolle oder meine Identität sind ebenfalls nur vor dem Hintergrund bestimmter wesentlich sozialer Institutionen und Praktiken möglich und nie nur einseitig von mir selbst bestimmt.

Damit wird auch verständlich, was mit irreduzibel sozialen

Gütern gemeint ist: Die «Kultur» oder «Gesellschaft» im Sinne der Gesamtheit bedeutungshafter Praktiken stellt den notwendigen Hintergrund dafür dar, dass wir überhaupt etwas schätzen und wollen können – und ist daher selbst *kein individuelles* Gut. Vor allem aber ist sie Taylor zufolge ein *intrinsisches* Gut, also etwas, das wir nicht allein aus instrumentellen Gründen wollen können, und zwar deshalb, weil sie unserem Handeln und Wollen nicht äußerlich ist, sondern es konstituiert. In diesem Sinne ist Kultur (und die mit ihr verbundenen Güter) irreduzibel sozial und lässt sich aus einer individualistischen Perspektive nicht adäquat begreifen. Akzeptiert man diese grundlegende Sozialität von Sprache und Bedeutung, die sich eben nicht auf das individuelle Ausdrucksvermögen reduzieren lassen, da dieses ja gerade von ihnen abhängt, dann kann man eigentlich keine durch und durch individualistische Sozialontologie mehr vertreten. Auch wenn es letztlich vielleicht immer nur Individuen und nie Kollektive sind, die handeln, sind diese Handlungen die Handlungen, die sie sind, doch nur vor dem Hintergrund geteilter Bedeutungen und Praktiken, die wesentlich sozial konstituiert und strukturiert sind.

Mit Taylor kann man daher in der ersten der oben unterschiedenen Fragen aufgrund der Abhängigkeit der Individuen voneinander und von sozialen Hintergrundbedingungen die holistische These des Vorrangs und der Eigenständigkeit des Sozialen vertreten. Die Dynamik des Sozialen muss man deshalb aber noch lange nicht ebenfalls in einem starken Sinne holistisch, strukturalistisch oder funktionalistisch zu erklären versuchen. So sind es auch bei Taylor letztlich die Individuen, die handelnd Geschichte machen. Sie machen sie aber – und zwar meist gemeinsam und nicht einzeln – aus einer gegebenen und sie konstituierenden Struktur heraus, die sie mit ihrem Handeln gleichzeitig verändern und immer wieder neu konstituieren. In diesem Sinne hatte schon Marx behauptet: «Die Menschen machen ihre eigene Geschichte, aber sie machen sie nicht aus freien Stücken, nicht unter selbstgewählten, sondern unter unmittelbar vorgefundenen, gegebenen und überlieferten Umständen.» (Marx 1852, S. 115) Genau diese Verwobenheit von Handlung und Struktur steht im Zentrum des gemäßigten Holismus, der für die sozialphilosophische Perspektive – wie wir sie verstehen – charakteristisch ist.

Der Holismus geht unseres Erachtens zu Recht von einem Vorrang bzw. einer Vorgängigkeit des Sozialen aus. Zugleich sollten wir jedoch die Rolle der Individuen bei der Konstitution und Reproduktion der für das Soziale konstitutiven Strukturen nicht vernachlässigen oder diese Strukturen als unabhängig von individuellem und kollektivem Handeln hypostasieren. Die interessantesten Ansätze in der Sozialtheorie versuchen denn auch, beide Aspekte, Struktur und Handlungsfähigkeit, miteinander zu vermitteln. So ist der Praxistheorie von Pierre Bourdieu zufolge die Art und Weise, wie wir handeln, nicht primär ein Resultat bewussten individuellen Entscheidens, sondern durch unseren jeweiligen Habitus geprägt; dabei werden als Habitus jene Muster des Erfahrens, Handelns und Denkens bezeichnet, über die sich soziale Strukturen und Hierarchien reproduzieren (Bourdieu 1980). Diese Prägung ist jedoch nicht deterministisch zu verstehen, da die Akteure stets innerhalb eines Systems von Möglichkeiten handeln, dessen Grenzen sie in ihrem Handeln ausloten und dabei erfahren, aber auch verschieben können. Und der Strukturierungstheorie von Anthony Giddens zufolge strukturieren Regeln (wie die der Sprache) und Ressourcen (wie Bildung) unser Handeln, indem sie es sowohl ermöglichen als auch begrenzen. Sie sind zugleich aber Ergebnis kollektiven Handelns und können durch dieses verändert werden (Giddens 1984). Die holistische Einsicht besteht demnach darin, dass das Soziale eine solche strukturierende Wirkung entfaltet, ohne dass sich soziale Strukturen von ihrer Verankerung in Praktiken und der damit gegebenen Veränderbarkeit ablösen ließen.

Allerdings: Mit diesen methodologischen und sozialontologischen Überlegungen ist die normative Frage nach dem Verhältnis von Individuum und Gesellschaft keineswegs vorentschieden – etwa die Frage danach, ob die einzelnen Gesellschaftsmitglieder gegenüber ihrer Gemeinschaft auch eine, z. B. durch unveräußerliche Menschenrechte zu schützende, individuelle Autonomie haben. Denn auch Vertreterinnen eines gemäßigten Holismus können die normative Bedeutung individueller Rechte natürlich anerkennen. Wenn Marx in dem diesem Buch vorangestellten Motto behauptet, dass wir uns nur in Gesellschaft vereinzeln, bedeutet das also nicht, dass das Faktum unserer Individualität oder der Wert unserer individuellen Freiheit und Handlungsmacht geleugnet wird, sondern nur, dass beide allein vor dem Hintergrund dieser fundamentalen Sozialität verständlich werden.

4. Freiheit

Trotz dieses Vorrangs des Sozialen kommt der Freiheit eine für unser Selbstverständnis fundamentale Rolle zu. Es gibt viele Dinge, die uns wichtig sein können: Ruhe und Zufriedenheit, Reichtum und Schönheit, Erfolg und Glück, ein besinnliches oder ein aufregendes Leben. All dies können wir mehr oder weniger wollen, von all diesen «Werten» können wir uns mehr oder weniger angezogen fühlen oder uns von ihnen distanzieren. Mit der Freiheit aber ist das offenbar anders. Kaum jemand wird behaupten wollen, auf Freiheit eigentlich auch verzichten zu können oder andere Dinge wichtiger zu finden. Es scheint also, als sei Freiheit ein unumstrittener Grundwert – und in der Tat wird seit Hegel immer wieder behauptet, dass die Realisierung von Freiheit den normativen Kern moderner Gesellschaften ausmache (vgl. Honneth 2011; Pippin 2005). Nun verbinden sich mit dem Begriff der Freiheit jedoch ganz unterschiedliche und zum Teil inkompatible Vorstellungen: etwa das Bestreben, nicht gezwungen oder unterworfen zu werden, oder der Wunsch, sich auf nichts festlegen zu müssen. Wie genau Freiheit zu verstehen ist, ist daher Gegenstand theoretischer Auseinandersetzungen.

Freiheit wird zudem in der Philosophie in verschiedenen Formen thematisiert, z.B. als Willensfreiheit (wie in der Debatte um den Determinismus) oder als politische Freiheit (etwa in der Demokratietheorie). Uns geht es hier vor allem darum, wie wir Freiheit aus sozialphilosophischer Perspektive begreifen sollen, und das heißt: wie das Verhältnis von Freiheit und Sozialität zu verstehen ist. Stellen soziale Beziehungen notwendigerweise eine Beschränkung der Freiheit des Individuums dar – oder ist Freiheit wesentlich sozial, weil die Freiheit der anderen sowie die sozialen Institutionen und Praktiken, in denen wir frei sind, Bedingungen der individuellen Freiheit sind? Letztere Position vertreten mit Hegel und Marx eine ganze Reihe von zeitgenössischen Autorinnen etwa aus feministischer Perspektive (vgl. Mackenzie/Stoljar 2000). Wie aber sind dann jene sozialen Institutionen und Praktiken beschaffen, die uns Freiheit ermöglichen?

Freiheit und Freiheitshindernisse

Auf die Frage, wie Freiheit zu verstehen ist, finden sich in der philosophischen Diskussion vielfältige Antworten. Wir können uns diesen in einer ersten Sondierung unserer Vorverstandnisse annähern, indem wir fragen, was eigentlich der *Gegenbegriff* zu Freiheit ist oder welches die möglichen Hindernisse des Frei-Seins wären. Denkbare Kandidaten sind:

- Zwang: Unfrei bin ich, wenn ich von jemandem gezwungen werde oder zu etwas gezwungen bin. Umgekehrt bin ich frei, wenn ich tun kann, was ich will, ohne dass mich etwas – seien es innere oder äußere Faktoren – daran hindert.
- Heteronomie: Unfrei bin ich, wenn ich fremdbestimmt bin, frei dagegen, wenn ich «nach meinem eigenen Gesetz» – also autonom oder selbstbestimmt – lebe.
- Bestimmtheit: Unfrei bin ich, wo ich festgelegt bin, frei, wenn ich mich auf nichts festlegen muss bzw. auf nichts festgelegt bin und mich den fixierenden Zuschreibungen anderer entziehen kann.
- Entfremdung: Unfrei bin ich, wenn ich mir in dem, was ich tue, «selbst fremd» werde, und frei, wenn ich mich mit dem, was ich tue, identifizieren kann und meine eigenen Tätigkei-

ten und Vorhaben nicht als von außen, durch anonyme Mechanismen auferlegt erfahre.

Wie hier zu sehen ist, entspricht jedem der möglichen Gegenbegriffe ein bestimmtes Verständnis von Freiheit. Aber welches Verständnis trifft den Gehalt des Freiheitsbegriffs am besten?

Um etwas Ordnung in die Vielfalt zu bringen, bietet es sich an, von der berühmten, ebenso umstrittenen wie wirkmächtigen Unterscheidung zwischen negativer und positiver Freiheit auszugehen, die Isaiah Berlin in seinem Aufsatz «Zwei Freiheitsbegriffe» eingeführt hat (Berlin 1958). Negative Freiheit besteht Berlin zufolge in der «Freiheit von» – insbesondere von äußerem Zwang und Eingriffen anderer – und wird dementsprechend verstanden als Abwesenheit äußerer Hindernisse. Hingegen verweist positive Freiheit auf die «Freiheit zu» bestimmten Tätigkeiten, die als wesentlich für die individuelle Selbstbestimmung oder Selbstverwirklichung begriffen werden. Während Hobbes und Berlin Vertreter der negativen Freiheitskonzeption sind, können etwa Rousseau, Hegel und Hannah Arendt (1958b) als Vertreter einer positiven Freiheitskonzeption betrachtet werden.

Der negativen Konzeption zufolge bin ich dann am freiesten, wenn ich möglichst ungehindert und ungestört durch andere tun kann, was ich will. Dabei stehen die Ziele, die das Individuum verfolgt, nicht zur Bewertung an, solange sie anderen nicht in relevanter Hinsicht schaden bzw. in deren Freiheit eingreifen – das ist das liberale Prinzip der Nichteinmischung. Gegen dieses negative Freiheitsverständnis ist allerdings eine Reihe von Einwänden erhoben worden, die für eine positive Freiheitskonzeption zu sprechen scheinen: Ist für die Freiheit neben der reinen Möglichkeit nicht auch relevant, wer *was* tun kann, also eine Bewertung der Ziele? Was zählt überhaupt als Freiheitshindernis, und muss man zur Bestimmung der relevanten Hindernisse nicht qualitative Überlegungen anstellen, die über die rein negative Freiheitskonzeption hinausgehen? Mit Blick auf diese Fragen verweist Charles Taylor darauf, dass es nicht nur äußere, sondern auch innere Hindernisse der Freiheit gibt, «wo wir beispielsweise vollständig in Selbsttäuschung befangen sind, wo wir völlig außerstande sind, die von uns angestrebten Ziele angemessen zu beurteilen». Dann aber muss man positive Kriterien einführen, um zwischen Hindernissen und Aspekten unserer Persönlichkeit zu unterscheiden: «Wir sind nicht frei, wenn wir durch Furcht, durch zwanghaft verinnerlichte Normen oder falsches Bewusstsein motiviert werden, unsere Selbstverwirklichung zu vereiteln.» (Taylor 1979, S. 124 f.)

Darüber hinaus ist fraglich, ob man von Freiheit sprechen kann, ohne dabei die materialen Voraussetzungen ihrer Verwirklichung zu berücksichtigen und damit auch die sozialen Bedingungen, unter denen Menschen handeln, und die Ressourcen, die ihnen zur Verfügung stehen. Wenn individuelle Freiheit aber nur in bestimmten sozialen Relationen möglich ist, spricht das dann nicht für einen Begriff der sozialen Freiheit? Auch die Frage nach dem Verhältnis von individueller Freiheit und Politik wird aus der Perspektive des positiven Freiheitsbegriffs unterschiedlich beantwortet: Anders als Berlin behauptet, macht es doch einen Unterschied für meine Freiheit, ob ich in einer Demokratie oder unter einem wohlwollenden Diktator lebe, der seinen Untertanen vielleicht einen relativ großen Bereich individueller negativer Freiheit lässt, die Möglichkeiten sozialer und politischer Freiheit – etwa im Zusammen-Handeln – aber strikt begrenzt.

Es scheint also vieles für einen positiven Freiheitsbegriff zu sprechen – den Taylor als «Verwirklichungsbegriff» vom reinen «Möglichkeitsbegriff» der negativen Freiheit abgrenzt (ebd., S. 121). Dennoch bringt auch dieses Verständnis Schwierigkeiten mit sich. So ist etwa unklar, wozu genau wir gemäß der positiven Freiheit frei sein sollten: ein authentisches Leben zu führen, uns selbst zu verwirklichen, gemäß der Vernunft zu leben oder uns als Kollektiv selbst zu regieren? Wie auch immer man diese Frage beantwortet, im Fall der positiven Freiheit ist eine Bewertung der Ziele des Handelns unausweichlich. Und ebenso klar ist, dass Freiheit in diesem Verständnis in einem internen Zusammenhang mit der Art und Weise steht, in der die politische Gemeinschaft organisiert ist. Zudem muss Freiheit nicht länger als im Gegensatz zu Sozialität stehend gedacht werden, wie das beim negativen Freiheitsmodell der Fall ist, sondern kann vielmehr so verstanden werden, dass sie allein in und durch bestimmte soziale Beziehungen, Praktiken und Institutionen möglich ist. Eben das ist gemeint, wenn im Zusammenhang mit der positiven Freiheit häufig auch von «sozialer Freiheit» die Rede ist (vgl. Neuhouser 2000; Honneth 2011).

Gegen die positive Freiheitskonzeption wird jedoch von Vertretern des Liberalismus wie Berlin nicht nur eingewendet, dass sie vage sei, sondern auch, dass sie paternalistische, wenn nicht gar autoritäre und totalitäre Konsequenzen habe. Sie erlaube es nämlich, Menschen im Namen ihrer eigenen Freiheit etwa zu einem Leben gemäß der Vernunft zu zwingen und diesen Zwang hinter dem Begriff der positiven Freiheit zu verbergen. Es ist aber keineswegs klar, warum aus einem positiven Freiheitsbegriff folgen soll, dass bestimmte Akteure oder Gruppen andere zu ihrer (vermeintlichen) Freiheit zwingen dürfen – das würde Selbst- durch Fremdbestimmung ersetzen und kaum als Freiheit zu begreifen sein. Aus der Perspektive des positiven Freiheitsbegriffs ist der Schutzraum negativer individueller Freiheit durchaus bedeutsam, aber schlicht nicht ausreichend, um «wirkliche» Freiheit zu realisieren. Negative Freiheit ist daher unvollständig, denn individuelle Freiheit kann es im bloßen Aneinandervorbei-Existieren von Individuen nicht geben, sondern nur in einem sozialen Kontext (vgl. Geuss 1995).

Aspekte von Freiheit

Wie negative und positive Freiheit nicht als Gegensätze, sondern als Aspekte von Freiheit im umfassenden und komplexen Sinn verstanden werden können, lässt sich in einer mehrstufigen Analyse im losen Anschluss an Hegel zeigen. Frei zu sein, hat demnach folgende Aspekte:

(1) Freiheit kann darin bestehen, zu tun, was ich will, bzw. nicht daran gehindert zu werden (negative Freiheit, Abwesenheit von äußerem Zwang). Ich bin also etwa dann frei, wenn ich den Raum verlassen und mir einen Kaffee holen kann, ohne dass mich jemand daran hindert, und unfrei, wenn mir jemand

den Weg versperrt oder glaubhaft mit ernsthaften Sanktionen droht.

(2) Freiheit kann aber auch darin bestehen, zu tun, was ich *am meisten* will. Das verlangt bereits eine Ordnung der Präferenzen bzw. Ziele und schließt Manipulation und internalisierten Zwang aus. Ich bin also frei, wenn ich auf der Basis einer reflektierten Entscheidung handle und nicht einfach dem unmittelbaren Impuls nachgebe, einen Kaffee zu holen. Ausdruck meiner Freiheit kann es dann auch sein zu entscheiden, in der konkreten Situation, in der ich mich befinde – sagen wir als Dozentin in einer Vorlesung –, dem spontanen Impuls nicht zu folgen. Freiheit setzt demnach voraus, dass ich zu einer Ordnung meiner Wünsche wie meiner Impulse und zur Orientierung meines Willens an dieser Ordnung imstande bin. Unfrei wäre ich dementsprechend dann, wenn ich meinen unmittelbaren Impulsen und Triebregungen – wie dem Verlangen nach Koffein – ausgeliefert wäre und nicht mit einer gewissen Distanz darüber nachdenken könnte, was ich eigentlich wirklich will, um mich dann in meinem Handeln dadurch bestimmen zu lassen (vgl. Hegel 1820, § 19; Frankfurt 2001).

(3) Ein dritter Aspekt von Freiheit besteht darin, zu tun, was ich *wirklich* will, d.h. was mir entspricht. Freiheit ist insofern verbunden mit Authentizität, also der Übereinstimmung mit sich selbst. Frei zu sein, bedeutet dann, auf reflektierte und in reflektierten Prioritäten begründete Weise zu handeln, und zwar so, dass in meinem Handeln nicht nur in bestimmten Situationen, sondern verlässlich zum Ausdruck kommt, was für eine Person ich bin und sein will. Hier geht es nicht mehr nur um die *Ordnung* meiner Wünsche, sondern um deren starke *Bewertung* in einer längerfristigen und grundlegenden Perspektive, die sich auf meine Identität bezieht (vgl. Taylor 1977). Das Kriterium dieser Bewertung, die Übereinstimmung meiner Wünsche mit mir selbst, ist aber immer noch ein gewissermaßen *internes* Kriterium, denn es geht ja nicht darum, was richtig oder gut ist, sondern nur darum, was richtig oder gut *für mich* ist unter der übergreifenden Perspektive meines Selbstverständnisses oder Ich-Ideals. Unfrei bin ich demnach dann, wenn ich den von mir

als für meine Identität grundlegend eingeordneten Präferenzen nicht gerecht werde – etwa aufgrund von Manipulation und innerem Zwang – und daher ein in dieser Hinsicht inauthentisches oder entfremdetes Leben führe.

(4) Erst mit dem vierten Aspekt kommt ein nicht mehr rein internes Moment ins Spiel, wenn Freiheit darin verortet wird, zu tun, was ich *vernünftigerweise* wollen kann (dies entspricht Kants Konzeption von Freiheit als vernünftiger Autonomie, also Selbstgesetzgebung). Unter dem Aspekt des *vernünftigen* Wollens bin ich dann frei, wenn ich deshalb keinen Kaffee holen gehe, weil es nicht mit dem vereinbar ist, was eine jede in einer entsprechenden Situation vernünftigerweise wollen kann. Dass ich während der Vorlesung keinen Kaffee holen gehe, ist demnach richtig in einem Sinn, der nicht mehr von meinen individuellen Präferenzen abhängig ist. Unfrei bin ich hingegen dann, wenn meine mich zum Handeln treibenden Wünsche inkompatibel sind mit den Forderungen der Vernunft bzw. mit dem, was eine vernünftige Person in vergleichbaren Umständen tun würde.

(5) Schließlich steht Freiheit in einem Zusammenhang mit den sozialen Institutionen und Praktiken, an denen ich auf für mein Selbstverständnis wesentliche Weise partizipiere, sowie mit den sozial verfügbaren Ressourcen, die Ermöglichungsbedingungen meines Handelns sind (dies entspricht einer Konzeption sozialer Freiheit im Anschluss an Hegel und Marx). Meine Freiheit hängt demnach an der Verwirklichung derjenigen meiner Wünsche, die in Übereinstimmung mit den sozialen Institutionen stehen, die die Verwirklichung meiner Freiheit erst ermöglichen. Einfach die Vorlesung zu unterbrechen und Kaffee trinken zu gehen, ist nicht nur mit der sozialen Rolle der Dozentin unvereinbar, wie ich sie interpretiere und für meine Identität als wichtig erachte. Es ist darüber hinaus auch nicht kompatibel mit der objektiven Bedeutung dieser Rolle und der Funktion der Lehrtätigkeit an einer Universität und in unserer Gesellschaft im Allgemeinen. In dieser Rolle bin ich genau deshalb frei, weil ich hier etwas verwirklichen kann, das ich für wichtig halte, und zwar nicht einfach aus subjektiven Gründen und für mich,

sondern mit einem gewissen Objektivitäts- und Allgemeinheitsanspruch. Unfrei wäre ich dementsprechend auch dann, wenn ich mit meinem vermeintlich freien Handeln – wie der Unterbrechung der Lehre durch Kaffeepausen – die sozialen Bedingungen der Freiheit untergrabe oder wenn die sozialen Bedingungen so beschaffen sind, dass es mir – etwa aufgrund des mangelnden Zugangs zu Institutionen und Ressourcen – unmöglich ist, meinem Selbstverständnis entsprechend zu handeln.

Im Unterschied zu (4) erscheinen diese Anforderungen an das sich als frei verstehende Subjekt – mit Hegel und gegen Kant – nicht mehr als Vernunftgebot, das diesem extern gegenübertritt. Sie lassen sich außerdem nicht mehr individualistisch verstehen, da sie eingelassen sind in soziale Praktiken, an denen die Subjekte auf für ihr Selbstverständnis konstitutive Weise partizipieren. Darüber hinaus nimmt diese soziale Konzeption von Freiheit deren soziale Bedingungen in den Blick. Dabei sind es nicht soziale Institutionen per se, die die Freiheit der Individuen ermöglichen, sondern nur solche, die den Individuen Zugang zu sozialen Ressourcen eröffnen, ohne die ihre Freiheit rein formal und leer wäre. Im Fall von formal zugestandenen, aber real – etwa aufgrund von Armut, Unwissenheit oder mangelhafter Infrastruktur – nicht nutzbaren Freiheiten kann aus dieser Perspektive nicht mehr sinnvoll von Freiheit gesprochen werden (vgl. Sen 1999).

Von den oben genannten Gegenbegriffen erscheinen nun Zwang, Heteronomie (inklusive sozio-ökonomischer Entmachtung) und Entfremdung als Gestalten der Unfreiheit. Bestimmtheit hingegen ist nicht per se eine Form der Unfreiheit, sondern es kommt darauf an, in welchem Modus wir bestimmt werden. Stärker noch: Freiheit kann es nur im Kontext sozialer Bestimmtheit, also in sozialen Praktiken, Institutionen und Rollen geben, zu denen sich die Individuen dann in ein freies Verhältnis müssen setzen können.

Vor diesem Hintergrund erscheint die negative Freiheitskonzeption als eigentümlich dürr. Taylor zufolge ist sie sogar partiell selbstwidersprüchlich, da sie auf ein qualifiziertes Verständnis von Selbstbestimmung und eine subtilere Auffassung davon angewiesen ist, wie die Zwänge beschaffen sind, die sich der Verwirklichung individueller Ziele entgegenstellen können. Darüber hinaus setze die von negativen Freiheitstheoretikern angestrebte individuelle Freiheit einen Horizont von «starken Wertungen» voraus, die sich in Rollen und Institutionen manifestieren und die die eigenen Wünsche erst als bedeutungsvoll erscheinen lassen. Dennoch tritt vielleicht auch die Pointe des negativen Freiheitsverständnisses an dieser Stelle besonders deutlich hervor. Denn dessen Vertreter insistieren, dass Freiheit doch auch gerade darin bestehe, das zu tun, was *nicht* in Übereinstimmung mit den Forderungen der sozialen Ordnung und ihren Institutionen und Rollen steht – als wie vernünftig diese nun auch erscheinen mögen.

Die Lehre aus der Kritik der negativen Freiheit durch Hegel und Taylor kann deshalb nicht die Verabschiedung der negativen Freiheit sein, sondern nur deren Situierung in einem weiteren Kontext, der auch die komplementäre Bedeutung positiver Freiheit sowie der sozialen Bedingungen von Freiheit hervortreten lässt. Daher erweisen sich die hier unterschiedenen Aspekte von Freiheit als aufeinander aufbauende, wenn auch nicht vollkommen spannungsfreie Stufen bzw. Schichten eines komplexen Freiheitsbegriffs und nicht als unabhängig voneinander zu verstehende oder miteinander inkompatible Freiheitskonzeptionen. Wie Berlin bemerkt, deckt die negative Freiheit nicht alles ab, was wir wollen können – es gibt auch Werte wie Gerechtigkeit oder Sicherheit, die mit der negativen Freiheit in Konflikt geraten können (Berlin 1958). Anders als Berlin denkt, deckt sie aber auch nicht alles ab, was wir mit Freiheit meinen – denn Freiheit ist komplexer und umfasst auch eine positive und eine soziale Dimension. Daher kann man sich auch täuschen, wenn man meint, aufgrund der Abwesenheit äußerer Hindernisse bereits frei zu sein. Man kann nämlich unter diesen Umständen insofern unfrei sein, als man von Trieben und unwillkürlichen Impulsen abhängig ist oder sich nicht in ein aneignendes und daher freiheitsermöglichendes Verhältnis zu den sozialen Institutionen setzen kann, die das eigene Leben bestimmen, sondern diese nur als Grenze der eigenen Freiheit erfährt, ohne sie zu verändern oder verändern zu können. Man kann also auch unfrei sein, obwohl man tut, was man – zumindest auf den ersten Blick – will.

Paternalistische und autoritäre Konsequenzen hat eine solche Perspektive erst dann, wenn die Bedeutung der negativen Freiheit bestritten wird (was übrigens weder Rousseau noch Hegel noch Arendt tun). Die Freiheit, nicht mitzumachen, sich zu distanzieren, die Zumutungen der anderen, der sozialen Rollen und der Institutionen zurückzuweisen, kann sogar als Bedingung der Möglichkeit der wohlverstandenen positiven Freiheit betrachtet werden. Denn vernünftige und wirkliche Identifikation setzt gerade die Möglichkeit voraus, sich mit etwas nicht zu identifizieren, die sozialen Rollen und Erwartungen partiell auf Abstand zu bringen und Widerspruch anzumelden. Hieraus ergibt sich auch ein Kriterium zur kritischen Evaluierung von Praktiken, Institutionen und Rollen, deren Funktion nicht allein in sozialer Integration und der Stabilisierung von Verhaltenserwartungen gesehen werden darf: Wenn sie es den Individuen nicht ermöglichen, sich zu ihnen in ein freies – d.h. auch Raum für Distanzierung und Widerspruch eröffnendes – Verhältnis zu setzen, dann sind Erstarrung, Verknöcherung und Erosion die Folgen. Institutionalisierte Praktiken und Rollen treten den Individuen dann als äußerer Zwang oder als rigide Einschränkung gegenüber und werden als Formen des Freiheitsverlusts und der Entfremdung erfahren, nicht als soziale Gestalten der Freiheit (vgl. Jaeggi 2009b).

Anders als von zahlreichen liberalen Theoretikern von Benjamin Constant (1819) bis Berlin (1958) nahegelegt wird, ist es vor diesem Hintergrund auch nicht nötig, Freiheit mit subjektiven Abwehrrechten zu identifizieren, die den Bürgerinnen und Bürgern die Freiheit *vom* Staat ermöglichen – auch wenn diese Rechte natürlich eine wichtige Rolle für die Absicherung eines Rückzugsraums für das Individuum spielen. Für Freiheit im umfassenderen Sinn ist darüber hinaus die Möglichkeit der Teilhabe an der Gesellschaft, des Zugangs zu Ressourcen und der Gestaltung des gemeinsamen Lebens wesentlich. Denn auf diese Weise werden die politischen und sozialen Bedingungen geformt, unter denen man das eigene Leben lebt. Ein *freies* Leben, d.h. ein Leben als *eigenes* und damit *selbstbestimmtes* Leben führen zu können, hat also komplexe und überindividuelle, in vielen Fällen institutionalisierte Bedingungen. In dieser Perspektive erscheint die Freiheit der anderen, wie bereits Marx behauptet, nicht mehr als Grenze, sondern als Bedingung meiner eigenen Freiheit. Soziale Beziehungen, Praktiken, Rollen und Institutionen – mithin Sozialität im Allgemeinen – sind daher nicht per se als Gefährdungen der Freiheit zu denken. Freiheit erscheint vielmehr – auch in ihrer negativen Dimension – erst dann möglich, wenn die soziale Welt eine bestimmte Gestalt hat und wir diese Gestalt mitbestimmen können. Negative Freiheit verweist damit selbst bereits auf ein umfassenderes Verständnis von positiver und sozialer Freiheit. Statt von zwei miteinander im Konflikt stehenden Freiheitsbegriffen sollte man demnach eher von zwei wesentlichen Aspekten der Idee der Freiheit sprechen.

Freiheit als Modus des Vollzugs

Es bleibt die Frage, ob Freiheit nur ein Wert unter anderen ist oder ob ihr vielleicht eine besondere Stellung zukommt. Schon die Rede von Freiheit als «Wert» kann schnell in die Irre führen. Freiheit ist in erster Linie kein Wert und schon gar nicht ein Wert unter anderen. Eher handelt es sich bei ihr um eine Art Meta-Wert, oder besser noch: um einen *Modus des Vollzugs* von Tätigkeiten und Praktiken. Frei zu sein, bedeutet, das, was wir tun, auf eine bestimmte – nämlich freie – Art und Weise zu tun. Frei zu sein, bedeutet, dass wir uns auf das, was wir wollen und schätzen sowie auf die sozialen Bedingungen, die unser Wollen und Schätzen prägen, auf eine bestimmte – nämlich freie – Weise beziehen können. Wenn Freiheit aber ein Modus der Bezugnahme auf etwas (unser Tun und Wollen und deren soziale Bedingungen) ist, dann lässt sich Freiheit nicht einfach gegen andere Werte und auch nicht gegen die sozialen Bedingungen ausspielen, die ihre Realisierung erst möglich machen oder sie verhindern (vgl. Castoriadis 1975). Die Alternative

«Freiheit *oder* Sozialität» ist dann gar keine sinnvolle Frage, weil Freiheit nicht nur soziale Voraussetzungen hat, sondern auch darin besteht, sich zu diesen Voraussetzungen in eine bestimmte Beziehung setzen zu können. Sinnvoll ist es vielmehr sich zu fragen, ob der Bezug auf die Bindungen, unter denen wir unsere Wünsche ausbilden und handeln, und auf das, was uns wichtig ist, im Modus der Freiheit geschieht. Der Begriff der Anerkennung, dem wir uns im nächsten Kapitel zuwenden, soll dabei helfen auszubuchstabieren, welche sozialen Beziehungen und Institutionen hierfür notwendig sind.

5. Anerkennung

Im Laufe der letzten Jahrzehnte hat sich die Theorie der Anerkennung zunehmend als neues sozialphilosophisches Paradigma etabliert. Ihre Attraktivität bezieht sie dabei vor allem aus dem Versprechen, einen einheitlichen theoretischen Rahmen zur Verfügung zu stellen, der es erlaubt, zentrale Fragen der philosophischen Anthropologie, der Moralphilosophie, der kritischen Gesellschaftstheorie und der politischen Gegenwartsanalyse in ihrem unauflösbaren Zusammenhang zu behandeln. Ausgehend von Hegels These der Verschränkung von Freiheit und Sozialität hat Axel Honneth intersubjektive Anerkennungsbeziehungen und deren soziale Institutionalisierung als Ergebnis sozialer Kämpfe um Anerkennung und als Voraussetzung individueller Freiheit und Selbstverwirklichung analysiert (Honneth 1992). Zugleich hat Charles Taylor einen Umbruch im politischen Selbstverständnis moderner Gesellschaften diagnostiziert, in denen Forderungen nach der Anerkennung von Identitäten (im Unterschied zu Forderungen nach der Umverteilung von Ressourcen) von unterschiedlichen politisch, kulturell oder sozial definierten Gruppen erhoben werden (Taylor 1992).

Sozialphilosophisch relevant ist das Vokabular der Anerkennung unter anderem deshalb, weil man eine gelingende – und autonome – Beziehung zu sich, seinen Wünschen und Fähigkeiten nur vermittelt über oder sogar erst durch die Beziehung zu anderen gewinnt. Der Sozialtheoretiker George Herbert Mead formuliert diese These so: «Wir sind, was wir sind, durch unser Verhältnis zu anderen.» (Mead 1934, S. 430) Menschen wachsen eben nicht wie die hobbesschen Pilze im Wald, sondern werden erst in einem Geflecht wechselseitiger Anerkennungsbeziehungen, das gleichzeitig ein Geflecht wechselseitiger Abhängigkeit ist, zu Subjekten. Das «Selbst» ist dieser sozialontologischen These zufolge durch und durch «relational», also als Selbst immer schon in Beziehung zu anderen und nur aus dieser heraus zu verstehen. Es ist demnach nicht das schon fertige Individuum, das in (Anerkennungs-)Beziehungen eintritt oder auf Anerkennung angewiesen wäre. Anerkennung ist vielmehr konstitutiv – etwa für mein Selbstverständnis und meine persönliche Identität, die ich nur in solchen Beziehungen ausbilden und nicht einfach selbst erfinden kann. Genau deshalb sind Menschen auf Anerkennung in einem mehr als instrumentellen Sinn angewiesen.

Aus dieser konstitutiven Rolle der Anerkennung folgt nicht nur, dass Individuen direkte intersubjektive Verhältnisse benötigen, um individuelle Freiheit und Autonomie zu erlangen. Sie verweist auch auf das Eingelassensein der Subjekte in die Ordnung des Sozialen und die für diese wesentlichen Praktiken, Rollen und Institutionen, in denen Subjekte Anerkennung erfahren und durch die bestimmte Verhaltensweisen, Einstellungen und Selbstverständnisse erst ermöglicht werden. Wenn man sich *als* Mutter, *als* Philosophin oder *als* Demokratin verstehen können (und zu einer solchen heranbilden) will, ist man angewiesen auf die Existenz bestimmter sozialer Praktiken der Anerkennung und auf eine soziale Welt, in der diese Praktiken sowie die mit ihnen einhergehenden sozialen Rollen und Institutionen einen Ort haben, also gelebt werden und bedeutungsvoll sind.

Bereits Fichte und Hegel und heute vor allem Honneth diskutieren unter dem Stichwort der «Anerkennung» die Notwendigkeit und die Gestalt solcher Praktiken und Institutionen sowie der sozialen Beziehungen, die sie tragen und durch die sie konstituiert sind. Dabei ist die kritische Pointe der Theorie der Anerkennung, dass existierende Anerkennungsbeziehungen nicht immer schon gelungen, sondern in vielen Fällen nur scheinbar Beziehungen der Anerkennung sind, in Wirklichkeit aber asymmetrische oder verzerrte Beziehungen der Beherrschung und Unfreiheit. Von den Subjekten sind solche Beziehungen daher nicht einfach zu akzeptieren, und in vielen Fällen werden sie sich gerade gegen sie wenden. Zugleich stellen die normative Struktur gelungener Anerkennungsbeziehungen und die «normative Grammatik» von sozialen Kämpfen um Anerkennung eine Art immanenten Maßstab für die Kritik bestehender intersubjektiver Verhältnisse bereit.

Fichte und Hegel

Im Werk von Fichte und Hegel spielt der Begriff der Anerkennung eine grundlegende Rolle als Bedingung der Möglichkeit von Selbstbewusstsein überhaupt. So versteht Fichte in seiner *Grundlage des Naturrechts* (1796) das Bestehen einer gemeinsamen sozialen Welt bzw. einer bestimmten Art von intersubjektiven Beziehungen als Bedingung nicht nur von individueller Freiheit, sondern auch von jenem zugleich praktischen und kognitiven Selbstverhältnis, das im Deutschen Idealismus als Selbstbewusstsein bezeichnet wird. Mir meiner selbst bewusst kann ich nur als freies Subjekt sein – ob ich ein freies Subjekt bin, lässt sich jedoch nicht durch Selbstbeobachtung feststellen, sondern bedarf der Bestätigung durch ein anderes freies Subjekt. Erst in der wechselseitigen Anerkennung als aus Freiheit handelnden Wesen, die sich Fichte zufolge in der Zuerkennung eines gleichen rechtlich-moralischen Status ausdrücken muss, kann das Subjekt demnach zu einem Bewusstsein seiner selbst kommen.

Auch Hegel begreift Anerkennung als Schlüssel zu einem adäquaten Verständnis von Selbstbewusstsein, aber er bettet Fichtes Einsicht in eine dichtere Analyse der historisch-gesellschaftlichen Bedingungen ein. Und er betont – insbesondere in seiner *Phänomenologie des Geistes* (1807) – die geschichtliche Veränderbarkeit und die Konflikthaftigkeit des Verhältnisses der Anerkennung: Dieses bildet sich erst in der konflikthaften Auseinandersetzung, in einem «Kampf um Anerkennung», heraus. Allerdings kann Anerkennung nur gelingen, wenn sie wechselseitig ist; zwischen Ungleichen – im berühmten Beispiel Hegels zwischen Herr und Knecht – kann es eigentlich keine Anerkennung geben. Durch eine Person, die ich nicht ihrerseits als Selbstbewusstsein anerkenne, kann ich nicht als solches anerkannt werden, so die Überlegung hinter Hegels Formel vom «sich anerkennen als wechselseitig sich anerkennend» (Hegel 1807, S. 110; vgl. Kojève 1947; Siep 1979; Wildt 1982). Von daher verweist der Kampf um Anerkennung für Hegel schon auf seine Überwindung in reziproken intersubjektiven Beziehungen.

In Hegels *Grundlinien der Philosophie des Rechts* wird zudem die notwendige Institutionalisierung von Anerkennungsverhältnissen in den kulturell und historisch spezifischen Praktiken und Institutionen einer Gemeinschaft betont. Diese fasst Hegel unter den Begriff der «Sittlichkeit», zu deren institutionellen Realisierungen neben und über der Familie und der bürgerlichen Gesellschaft der Staat gehört. Freiheit realisiert sich für Hegel in Anerkennungsverhältnissen. «Der Staat» aber «ist die Wirklichkeit der konkreten Freiheit» (Hegel 1820, § 260). Damit vertritt Hegel nicht nur eine institutionalistische, sondern sogar eine etatistische Lesart von Anerkennung, die in der gegenwärtigen Diskussion stärker praxis- und konflikttheoretisch gewendet und von einer allzu starren Fixierung auf den Staat und das bestehende Recht abgelöst wird.

Formen der Anerkennung

Insgesamt kommt dem Begriff der Anerkennung in der heutigen Sozialphilosophie im Anschluss an die Einsichten Fichtes und Hegels eine besonders prominente Rolle zu, da er verspricht, ein begriffliches Gerüst für die Diskussion einer Reihe von zentralen sozialphilosophischen Problemen zu etablieren (vgl. Schmidt am Busch/Zurn 2009; Honneth/Fraser 2003). Dabei verbindet die Theorie der Anerkennung – vor allem in der von Honneth entwickelten Variante – eine allgemeine, beinahe schon anthropologische These über die Bedingungen individueller Identitätsbildung und Freiheit mit der Beschreibung von historisch variablen Konkretisierungen und Realisierungen verschiedener Formen der Anerkennung in sozialen Institutionen und Praktiken: «Während die menschliche Lebensform im ganzen durch die Tatsache geprägt ist, dass Individuen nur durch wechselseitige Anerkennung zu sozialer Mitgliedschaft und damit zu einer positiven Selbstbeziehung gelangen, verändern sich deren Form und Gehalte mit dem Prozess der Ausdifferenzierung von normativ geregelten Handlungssphären.» (Honneth 1992, S. 310)

Diese Ausdifferenzierung hat Honneth zufolge zur Ausbildung dreier Sphären geführt, die jeweils ihrer eigenen normativen Logik gehorchen, und damit auch zu drei Modi der Anerkennung, denen jeweils eine konstitutive Bedeutung für das praktische Selbstverhältnis sich als autonom verstehender Individuen zukommt: In der *Liebe* bzw. der Sphäre der Intimbeziehungen erfahren die Individuen eine affektive Bestätigung als Wesen mit konkreten Bedürfnissen, die eine notwendige Bedingung für die Ausbildung von *Selbstvertrauen* darstellt. Im *Recht* erfahren sie Achtung als Personen mit gleichen Rechten, worin Honneth eine Bedingung für die Ausbildung von *Selbstachtung* sieht. In der Sphäre der sozialen Wertschätzung bzw. der *Solidarität* schließlich wird die *Selbstschätzung* als Individuum mit besonderen Fähigkeiten ermöglicht, das einen wertvollen Beitrag zur Gemeinschaft leistet.

Will man den systematischen Anspruch der heutigen Theorie der Anerkennung abstecken, so kann man folgende vier Thesen formulieren:

(1) Die in intersubjektiven Beziehungen artikulierte Anerkennung durch signifikante andere (Eltern, Freunde, Kollegen etc.) ist eine notwendige Bedingung dafür, als autonome Person nicht nur über Selbstbewusstsein zu verfügen, sondern auch ein eigenes, sinnerfülltes Leben führen zu können. Diese Bedingung ist sowohl eine ontogenetische (entwicklungspsychologische) *Ermöglichungsbedingung* als auch eine existentielle *Vollzugsbe-*

dingung. Nur als in den relevanten Hinsichten Anerkannte können Individuen Selbstvertrauen, Selbstachtung und Selbstwertgefühl in einem Maße ausbilden, wie es für eine autonome, also freie Lebensführung notwendig ist.

(2) In moralischer Hinsicht schulden wir einander die wechselseitige Anerkennung und Achtung des gleichen Wertes als Personen, unabhängig von unseren jeweiligen individuellen Eigenschaften.

(3) Aus der Perspektive einer kritischen Gesellschaftstheorie sind jene sozioökonomischen Bedingungen, welche reziproke solidarische Beziehungen und damit eine freie Entfaltung autonomer Personen unmöglich machen oder behindern, als Anerkennungsdefizite und damit als «pathologisch» und illegitim zu kritisieren.

(4) Zeitdiagnostisch gesehen spiegelt sich die Bedeutung der Anerkennung in zahlreichen gegenwärtigen politischen wie sozialen Kämpfen und Bewegungen, in denen Forderungen nach Anerkennung (und nicht bloß nach der Umverteilung politischer Macht oder ökonomischer Ressourcen) im Zentrum stehen. Dabei handelt es sich nicht um rein moralische Forderungen nach Anerkennung. Vielmehr geht es hier auch um Anerkennung in ihrer sozialontologischen Dimension, in der sie – in Form spezifischer sozialer Praktiken, Rollen und Institutionen – als Bedingung der Möglichkeit von Freiheit und Individualität begriffen wird.

Diese vier Thesen stehen in einem internen Zusammenhang. So speisen sich die Kämpfe um Anerkennung aus persönlichen und kollektiven Erfahrungen der systematischen Missachtung, also der sozialen Verletzung von als begründet erachteten Ansprüchen auf Anerkennung. Diese Erfahrungen können von den Betroffenen unter Bezugnahme auf die von Honneth aufgeführten Anerkennungsprinzipien in mehr oder weniger radikaler, also revolutionärer oder reformerischer Absicht expliziert werden: «Sowohl die ‹Liebe› als leitende Idee von Intimbeziehungen, der Gleichheitsgrundsatz als Norm von Rechtsbeziehungen und das Leistungsprinzip als Maßstab der Sozialhierarchie stellen jeweils normative Hinsichten dar, in bezug auf die die

Subjekte vernünftigerweise zur Geltung bringen können, daß die bereits eingespielten Formen der (jeweiligen) Anerkennung nicht angemessen oder hinreichend sind und dementsprechend der Erweiterung bedürfen.» (Honneth/Fraser 2003, S. 168f.) Zumindest in einer optimistischen Deutung führen die Kämpfe um Anerkennung dann in einer progressiven Dynamik zu in immer stärkerem Maße wechselseitigen, sozial inklusiven Beziehungen, die den anerkennungswürdigen Persönlichkeitsanteilen gegenüber responsiv sind und die es den Individuen wiederum erlauben, ein in höherem Maße gelungenes und autonomes Leben zu führen.

Ambivalenzen der Anerkennung

Im Unterschied zu diesem letztlich durchaus positiven Bild intersubjektiver Anerkennung kann diese aber auch als deutlich ambivalenteres Verhältnis gedeutet werden, das keineswegs nur oder vorwiegend Freiheit und ein gelingendes Selbstverhältnis ermöglicht, wie es im Anschluss an Hegel auch Honneth und Taylor behaupten. «Negative» Theorien der Anerkennung wenden dagegen ein, dass sich intersubjektive Verhältnisse der Anerkennung auch als Verdinglichung und Beschränkung, als festlegende Identifikation und unterdrückende Zuschreibung und damit als subtile Herrschafts-, Entfremdungs- und Bemächtigungsverhältnisse verstehen lassen. Dass Verhältnisse der Anerkennung immer auch unterwerfen und damit Freiheit verhindern, dass Person-Werden und Unterworfen-Werden nicht voneinander trennbare Dimensionen ein und desselben Vorgangs der Subjektivierung sind, ist eine These, die sich im Werk ganz unterschiedlicher Autoren findet; dazu gehören der Existentialist Jean-Paul Sartre, der postkoloniale Vordenker Frantz Fanon, der Marxist Louis Althusser und die Gendertheoretikerin Judith Butler. Die Vorläufer dieser These reichen jedoch bis zu Rousseaus Kritik am Kampf um soziale Anerkennung und Aufmerksamkeit zurück, der den Einzelnen von seiner wahren Natur entfremde (vgl. Neuhouser 2008; Althusser 1969; Butler 1997; Jaeggi 2006).

In einem berühmten Beispiel von Sartre ertappt der «andere» den Neugierigen oder Eifersüchtigen dabei, wie er vor einem Schlüsselloch kauert, um ein ihm verborgenes Geschehen zu beobachten, und verdinglicht ihn damit durch die Erfahrung des Angeblicktwerdens zum Objekt: Vermittelt über das Schamgefühl, das ihn jäh überwältigt, wird der Angeblickte zum sich seiner selbst bewusst werdenden Subjekt konstituiert (Sartre 1943, S. 457ff.). In ähnlich prägnanter Weise beschreibt Frantz Fanon die selbst erlebte Erfahrung der rassistischen Diskriminierung in einem Zug, in dem er nicht nur beleidigt, sondern auch durch die Blicke seiner weißen Mitreisenden fixiert und objektiviert wurde. Konfrontiert mit dieser «erdrückenden Objektivität» zersplitterte seine eigene Selbstwahrnehmung, seine Subjektivität (Fanon 1952, Kap. 5). Und für Althusser exemplifiziert sich Anerkennung im Beispiel des Polizisten, der durch seine «Anrufung» («He, Sie da!») den Passanten auf der Straße erst zu «jemandem» macht und ihn damit im gleichen Moment unterwirft (Althusser 1969, S. 268). Anerkennung ist in diesen Fällen nie reziprok, sie ist von einem Machtgefälle gezeichnet, (re-) produziert dieses Machtgefälle und wird von den Anerkannten als zumindest ambivalent erfahren. So scheint das Verhältnis der Anerkennung von einem prinzipiellen Scheitern gezeichnet: Anerkennung ist – zumindest in realexistierenden asymmetrischen sozialen Kontexten – immer auch Verkennung (vgl. auch Markell 2003; Bedorf 2010).

«Positive» Theorien der Intersubjektivität heben, wie wir gesehen haben, den Umstand affirmativ hervor, dass Anerkennung eine *Ermöglichungsbedingung* der Freiheit und der Handlungsmöglichkeiten des Subjekts ist. Anerkennung wird dabei nach dem Modell der gelingenden wechselseitigen Anerkennung und daher als Form gelingender Sozialität gedacht. Nicht-gelingende, also z.B. asymmetrische und durch Konflikte geprägte Formen der Anerkennung erscheinen hingegen als defizitäre Durchgangsstadien auf dem Weg zum Ziel gelingender Anerkennung. Umgekehrt ist es für die negativen Theorien der Anerkennung nicht eine bestimmte Ausrichtung oder evaluative Tendenz spezifischer Anerkennungsverhältnisse, sondern das Verhältnis als solches, das – zumindest in seinen realexistierenden Varianten – problematisch ist.

Sowohl die positiven als auch die negativen Theorien der Anerkennung teilen jedoch zwei Grundannahmen. Die erste ist die *intersubjektivitätstheoretische* Annahme, dass das Subjekt kein intersubjektiven Beziehungen vorgängiges Phänomen ist, sondern durch diese erst konstituiert wird. Insofern gehen beide Positionen davon aus, dass in Anerkennungsbeziehungen nicht einfach etwas anerkannt wird, das unabhängig von diesen Beziehungen bereits als gegeben identifiziert werden kann. Die zweite Gemeinsamkeit ist die *konflikttheoretische* Grundannahme, dass im Anschluss an Hegel die Beziehung der Anerkennung als wesentlich konflikthaft und dynamisch verstanden werden muss (vgl. Bertram/Celikates 2015). Nimmt man die Rede von «Verhältnissen» und «Beziehungen» der Anerkennung ernst, so besteht diese immer zwischen zwei Seiten, die zugleich aufeinander bezogen und voneinander unterschieden sind. Daraus folgt für das Anerkennungsverhältnis, dass mit ihm nicht von vornherein eine spannungsfreie Einheit bezeichnet sein kann. Genau deshalb spricht Hegel von einem «Kampf um Anerkennung», in dem das Verhältnis von Abhängigkeit und Unabhängigkeit erst austariert werden muss: Beziehungen der Anerkennung stellen sich nur vermittelt über Auseinandersetzungen her und verdanken ihre Dynamik diesen Auseinandersetzungen.

Wie entsprechen nun die beiden unterschiedlichen Positionen diesen zunächst geteilten Überzeugungen, und warum ziehen sie aus ihnen unterschiedliche Schlussfolgerungen? Wie also unterscheidet sich die interne Struktur von Anerkennungsverhältnissen in den beiden Deutungen? Der Vorgang, in dem ich *jemanden als etwas anerkenne*, umfasst immer ein Moment der Identifizierung und Bestimmung (eben von jemandem als etwas). Doch scheinen sich die positiven und die negativen Deutungen der Anerkennung wesentlich dadurch zu unterscheiden, wie sie diese Bestimmung und das aus ihr resultierende Als-etwas-bestimmt-Sein verstehen. Der Vorgang der Bestimmung lässt sich ja so auffassen, dass hier nicht nur jemand *zu* etwas bestimmt wird, sondern dass damit auch *über ihn* bestimmt wird. Genau diesen Umstand nehmen die negativen Theorien der Anerkennung in den Blick.

Zwei Dimensionen sollten in diesem Zusammenhang unterschieden werden: Will man die von den negativen Deutungen beleuchtete Problematik systematisieren, so ist Anerkennung einerseits *objektivierend* und andererseits *vereinheitlichend*. Objektivierend wirkt Anerkennung, sofern sie «feststellt», die als etwas Anerkannte auf etwas festlegt. In Sartres Beispiel: Der Blick des anderen legt mich objektivierend auf die Rolle derjenigen fest, die beim Durchs-Schlüsselloch-Spähen ertappt wurde. Er macht mich zu *der Eifersüchtigen*, *der Neugierigen*. Genau dieser allgemeinen Logik der Anerkennung folgen auch die Festlegungen von Subjekten z. B. als «kriminelle» oder «fleißige Ausländer», als gute oder schlechte Väter, als erfolgreiche oder mäßige Wissenschaftlerinnen. Entscheidend für die feststellende und damit immer auch beschränkende Wirkung der Anerkennung ist dabei nicht erst die Bewertung als kriminell oder fleißig, gut oder schlecht, sondern bereits der Umstand der Klassifizierung.

Auf ein ebenso grundlegendes Muster weisen die negativen Theorien der Anerkennung hin, indem sie die vereinheitlichende Wirkung der Anerkennung herausstellen. In der Anerkennung wird die Einheitlichkeit von etwas – Subjekten mit bestimmten Identitäten – behauptet bzw. hergestellt, das «eigentlich» gar keine stabile Einheit hat und nicht vorgängig existiert. Anerkennung ist daher aus dieser Perspektive immer auch ideologisch. In diesem Sinne hat Althusser zufolge «jede Ideologie die (sie definierende) Funktion [...], konkrete Individuen zu Subjekten zu ‹konstituieren› (wie Sie und mich). [...] Daraus folgt, dass für Sie [den Leser] ebenso wie für mich [den Verfasser] die Kategorie des Subjektes eine primäre ‹Evidenz› ist (Evidenzen sind immer primär): Es ist einfach klar, dass Sie und ich (freie, moralische, verantwortliche usw.) Subjekte sind. Wie alle Evidenzen [...] ist auch die ‹Evidenz›, dass Sie und ich Subjekte sind – und dass dies nicht zum Problem wird –, ein ideologischer Effekt, ja der elementare ideologische Effekt.» (Althusser 1969, S. 265 f.)

Es ist aber auch den negativen Theorien der Anerkennung zufolge keineswegs so, dass wir ohne Anerkennung viel besser dazu imstande wären, ein freies und authentisches Selbst zu entwickeln. Anerkennung ist sehr wohl eine Ermöglichungsbedingung von Subjektivität, nur ist sie eben zugleich – und unaufhebbar – eine Form der Beherrschung und Unterwerfung des Subjekts. Anerkennung und Unterwerfung folgen demselben Mechanismus und sind deshalb unhintergehbar. Aus diesem Grund begehren wir, wie vor allem Butler herausarbeitet, selbst verletzende, demütigende oder beherrschende Formen der Anerkennung, weil gar nicht anerkannt zu werden bedeuten würde, dass die eigene soziale Existenz auf dem Spiel steht (Butler 1997, Kap. 4; 2003, Kap. 1; vgl. zu den zerstörerischen Folgen systematisch verweigerter Anerkennung für das Subjekt auch Du Bois 1903). Die Abhängigkeit des Individuums von der es konstituierenden Anerkennung führt damit zu einer Art tragischer unlösbarer Verflechtung.

Diese Analyse des Doppelcharakters der Anerkennung – als zugleich freiheitsermöglichend und freiheitsverhindernd – scheint nun aber in einer paradoxal-aporetischen Beschreibung des unausweichlich sozialen Charakters unserer Existenz befangen zu bleiben. Sie macht es schwierig, soziale Verhältnisse der Verdinglichung, Entfremdung und Beherrschung von solchen sozialen Beziehungen der Anerkennung zu unterscheiden, die für die Subjektwerdung konstitutiv sind. Diese Unterscheidung ist aber gerade wesentlich, wenn gelingende Anerkennungsverhältnisse den Maßstab für die Kritik asymmetrischer, unterwerfender intersubjektiver Beziehungen abgeben sollen. Tatsächlich lässt sich argumentieren, dass Verhältnisse intersubjektiver Anerkennung durch einen Doppelcharakter von Ermöglichung und Beschränkung gekennzeichnet sind und dass Letztere mit Verletzungen und Verkennungen der um Anerkennung kämpfenden Subjekte einhergehen kann. Der Kampf um Anerkennung ist immer auch ein Kampf um die *richtige* Anerkennung, denn selbst positiv evaluierende Klassifizierungen (etwa als «gute Mutter» oder gefühlvolle Frau) können verletzend und ideologisch sein. Aber auch um diese Unterscheidung machen zu können, muss man vermeiden, Anerkennung und Unterwerfung direkt miteinander zu identifizieren.

Darüber hinaus wird der Doppelcharakter von Anerkennung als ermöglichend und beschränkend nur dann zu einem grundlegenden Problem oder Paradox, wenn man von einem einseitigen Verständnis des Verhältnisses von Freiheit und Bestimmtheit ausgeht. In Sartres Perspektive etwa ist Anerkennung beschränkend und enteignend, weil sie mich meiner Möglichkeiten beraubt. Unter dem vielen, was ich sein könnte, macht die Anerkennung der anderen mich zu etwas Bestimmtem. Vielleicht ist aber bereits eine solche Gegenüberstellung von Bestimmtem und Unbestimmtem und die Identifizierung von Bestimmtheit mit Zwang und Unbestimmtheit mit Freiheit irreführend, wenn man sich folgende Einsicht vergegenwärtigt, die wiederum Hegel zu verdanken ist: Ohne Bestimmtheit ist man nicht etwa frei – sondern eben unbestimmt, also nichts Bestimmtes. Freiheit gibt es nur *im Verhältnis* zu den Bestimmungen, die mit sozialen Institutionen, Praktiken und Rollen einhergehen. Die Frage, wie man gegenüber den damit verbundenen Normen und den konformisierenden Zwängen, die diese oft mit sich bringen, *frei wird*, stellt sich dann nicht mehr in der Alternative von Bestimmtheit oder Unbestimmtheit, sondern als Frage nach der Möglichkeit der Aneignung und Transformation dieses Bestimmtseins. Freiheit wäre also – wie wir auch am Ende des letzten Kapitels argumentiert haben – nicht die Abwesenheit von Bestimmtheit, sondern die aneignende Transformation der Bestimmungen. Das gilt auch für die sozialen Beziehungen der Anerkennung, denn intersubjektive Anerkennung ist kein starres und abstraktes Verhältnis, sondern vollzieht sich in praktischen, oft konflikthaften Auseinandersetzungen um die damit verbundenen Formen des Bestimmtseins.

Anerkennung im Konflikt

Komplementär ergibt sich aus der Einsicht, dass es sich bei der Anerkennung um eine auch im Konflikt bestehende praktische Beziehung handelt, auch eine Kritik an den positiven Anerkennungstheorien, insofern sie vollkommen symmetrische Verhältnisse zumindest als Ziel unterstellen. Wenn man nämlich von Anerkennung als gelingendem oder doch wenigstens auf das Ziel der Versöhnung ausgerichtetem sozialen Verhältnis ausgeht, vernachlässigt man auch die Notwendigkeit, im Rahmen des Kampfes um Anerkennung das Verhältnis von Abhängigkeit und Unabhängigkeit auszutarieren. Denn die inhärente Normativität und Wechselseitigkeit des Anerkennungsverhältnisses lässt sich nur im wirklichen Geschehen der Auseinandersetzung und auch dort immer nur vorläufig verwirklichen (vgl. Celikates 2007). Pointiert könnte man also festhalten: Während negative Theorien der Anerkennung der Beziehungshaftigkeit des Konflikts nicht gerecht werden, unterschätzen positive Anerkennungstheorien die Konflikthaftigkeit der durch Anerkennung konstituierten Beziehungen.

Die sozialphilosophisch relevante Frage ist daher weniger, *ob* Anerkennung und Sozialität konflikthafte Verhältnisse sind, sondern eher, *wie* die interne Struktur und Dynamik dieses Konflikts zu begreifen sind. Und genau mit Blick auf diese Struktur und Dynamik lässt sich von unterdrückenden und fehlgehenden Anerkennungsverhältnissen sprechen, wenn sie die involvierten Subjekte daran hindern, kritisch auf diese Anerkennungsverhältnisse zu reflektieren und sich an Kämpfen um Anerkennung zu beteiligen. Frauen, die als Gefühlswesen anerkannt werden, Schwarze, denen ein Gefühl für Rhythmus zugeschrieben wird, Muttersprachler mit «Migrationshintergrund», denen gutes Deutsch attestiert wird – der Beispiele für verkennende und beschränkende Anerkennung sind viele. Auch wenn es stimmt, dass selbst positiv gemeinte Zuschreibungen beschränkend und verletzend sein können, bleiben solche Phänomene unserer Auffassung nach genau das: scheiternde Anerkennungsverhältnisse, Verhältnisse, die *als* Anerkennungsverhältnisse defizitär sind – und zwar nicht, weil Anerkennung aus prinzipiellen Gründen immer scheitern muss, sondern weil sie die für Anerkennung wesentliche konflikthafte Dynamik unterminieren.

6. Entfremdung

Wie wir in den letzten beiden Kapiteln gesehen haben, sind aus einer an Hegel anschließenden sozialphilosophischen Perspektive Freiheit und Sozialität nicht als Gegensätze zu begreifen. Vielmehr wird das Individuum erst in der aneignenden Bezugnahme auf die es prägenden Institutionen und Beziehungen frei: So verstanden als «Bei-sich-im-anderen-Sein», besteht Freiheit also darin, sich in einer sinnvollen und identifizierenden Beziehung zu anderen zu befinden, sich in sozialen Praktiken und Institutionen, mit denen man sich (begründet) identifiziert, verwirklichen zu können. Metaphorisch ausgedrückt: Frei sein bedeutet, in solchen Praktiken und Institutionen «zu Hause» zu sein, sie als eigene begreifen zu können. In dieser Hinsicht ist Freiheit das Gegenteil von Entfremdung (vgl. Neuhouser 2000). Entfremdung ist im Gegenzug zunächst zu bestimmen als Indifferenz und Entzweiung, Machtlosigkeit und Beziehungslosigkeit sich selbst und einer Welt gegenüber, die als gleichgültig und fremd erfahren wird. Entfremdung ist das Unvermögen, sich zu anderen – also anderen Menschen und den Beziehungen, die wir mit ihnen eingehen –, aber auch zu anderem – also zu Dingen und der objektiven Welt – und schließlich vermittelt hierüber zu sich selbst in ein Verhältnis zu setzen. Eine entfremdete soziale und/oder objektive Welt präsentiert sich dem Individuum als sinn- und bedeutungslos, erstarrt oder verarmt, als eine Welt, die nicht «die seine» ist, in der es nicht «zu Hause» ist oder auf die es keinen Einfluss nehmen kann. Das entfremdete Subjekt erfährt sich daher primär als passives Objekt, das Mächten ausgeliefert ist, die es nicht kennt. Ist also eine «entfremdete» Beziehung eine defizitäre Beziehung, die man zu sich, zur Welt und zu den anderen hat, so sind – sieht man sich die Vielfalt der mit dem Entfremdungsbegriff assoziierten Phänomene an – Indifferenz, Instrumentalisierung, Versachlichung,

Absurdität, Künstlichkeit, Isolation, Sinnlosigkeit und «das Gefühl der Ohnmacht» (Fromm 1937) Gestalten dieses Defizits.

In sozialphilosophischer Perspektive verweist der Begriff der Entfremdung – ebenso wie die mit ihm verwandten Begriffe der Verdinglichung und der Anomie – auf Formen der Unfreiheit, die «Pathologien des Sozialen» sind. Diese Formen der Unfreiheit können also auf Fehlentwicklungen moderner Gesellschaften zurückgeführt werden, und zwar nicht auf kontingente Ereignisse, sondern auf die Struktur und Eigenlogik dieser Gesellschaften – etwa die Arbeitsverhältnisse, die das Leben der Menschen prägen. Wir wollen hier für einen Begriff von Entfremdung plädieren, der theoretischer Kritik ebenso wie gesellschaftlichen Veränderungen vor allem in der Arbeitswelt Rechnung trägt, ohne von einem unveränderlichen Wesen des Menschen auszugehen. Zunächst aber ist es notwendig, die komplexe Geschichte dieser zentralen sozialphilosophischen Kategorie in groben Zügen nachzuzeichnen.

«Entfremdung» gehört von Beginn an als Schlüsselbegriff zur Sozialphilosophie und der von ihr artikulierten kritischen Zeitdiagnose der Moderne. Sie findet im Werk von Marx zwar eine besonders einflussreiche, aber keineswegs die einzige Explikation. Neben einer von Rousseau über Hegel zu Marx führenden, eher sozialtheoretischen Linie lässt sich eine zweite, «existentialistische» Linie der Entfremdungskritik ausmachen, die von Kierkegaard via Heidegger zu Sartre führt. Beide Linien haben sich im 20. Jahrhundert auch auf markante Weise miteinander verschränkt, sei es in der Theoriebildung des «westlichen Marxismus» oder in den politischen und sozialen Bewegungen um 1968, in denen die Entfremdungskritik ihre mobilisierende Kraft entfaltet hat (vgl. Jaeggi 2005).

Von Rousseau über Hegel zu Marx

Nicht dem Begriff, wohl aber der Sache nach findet sich das Problem der Entfremdung als sozialphilosophisches Problem erstmals in den Werken Rousseaus. Wenn Rousseau in seinem berühmten *Diskurs über die Ungleichheit* (1755) die Deformation des Menschen durch die Gesellschaft beklagt, so stellt sich ihm dieser als von seiner Natur entzweit und von den eigenen Bedürfnissen entfremdet dar. Dem konformistischen Diktat der Gesellschaft unterworfen, ist der Mensch in seinem Geltungsdrang und seiner Eitelkeit abhängig von der Meinung der anderen. Diese Abhängigkeit des zivilisierten Menschen und die durch den sozialen Kontakt erzeugte Entgrenzung seiner Bedürfnisse führen Rousseau zufolge gleichzeitig zu Ungleichheit, Unfreiheit und Authentizitätsverlust. Die Genese dieser unheilvollen Dynamik der Anerkennung beschreibt Rousseau wie folgt: «Jeder begann, die anderen zu beachten und selbst beachtet werden zu wollen, und die öffentliche Wertschätzung hatte einen Wert. Derjenige, der am besten sang oder tanzte, der Schönste, der Stärkste, der Gewandteste oder der Eloquenteste wurde zum Geachtetsten; und das war der erste Schritt hin zur Ungleichheit und gleichzeitig zum Laster: Aus diesen ersten Bevorzugungen wurden einerseits die Eitelkeit und die Geringschätzung, andererseits die Scham und der Neid geboren; und die Gärung, die durch diese neuen Gärstoffe verursacht wurde, brachte schließlich Zusammensetzungen hervor, die für das Glück und die Unschuld unheilvoll waren.» (Rousseau 1755, S. 189)

Im Rahmen moderner Gesellschaften, so Rousseau, lässt sich diese Art der Entfremdung nicht überwinden, und so scheint seine Gesellschaftskritik eine dezidiert antisoziale Pointe zu haben. Allerdings ist er durchaus der Auffassung, dass eine radikal anders gestaltete Form des sozialen und politischen Zusammenlebens und der individuellen Erziehung in der Lage wäre, die Kluft zwischen dem authentischen und autonomen Selbstsein und der Gesellschaft zu schließen. Diese Form des Zusammenlebens und der Erziehung entwirft Rousseau wenige Jahre nach dem *Diskurs* in seiner Schrift *Vom Gesellschaftsvertrag* und dem pädagogischen Traktat *Emile* (beide 1762). Die Überwindung jener Kluft kann nur gelingen, wenn die Individuen in einem selbstbestimmten Gemeinwesen leben, also in gesellschaftlichen und politischen Institutionen, die sie als die ihren erfahren können.

Einerseits also verliert der von Rousseau beschriebene entfremdete Mensch sich selbst, sofern er sich mit anderen verbindet. Andererseits aber kann er sich nur durch die Gesellschaft wiedergewinnen. Damit ist Entfremdung schon bei Rousseau doppelt bestimmt: als Entfremdung *im* Sozialen und als Entfremdung *vom* Sozialen. Rousseau steht so zum einen für die immer wiederkehrenden entfremdungskritischen Bewegungen einer Abkehr vom «Allgemeinen», denen Sozialität und gesellschaftliche Institutionen per se als entfremdend gelten. Zum anderen ist er ein Vorläufer nicht nur der von Kant aufgegriffenen und weiterentwickelten Idee der Autonomie – Freiheit als Selbstgesetzgebung –, sondern auch der hegelschen Idee der «Sozialität der Freiheit».

Hegels Werk ist für die Entwicklung der Entfremdungstheorie in zweierlei Hinsicht zentral. Der Sache nach schließt Hegel mit seiner Diagnose der modernen Entzweiung an das Problem an, das Rousseau gestellt hatte. Aus der rousseauschen Konstellation ergab sich die Frage, wie sich Freiheit und Sozialität vereinbaren lassen und die Individuen sich die gesellschaftlichen Institutionen zu eigen machen können. Hegel aber war es vorbehalten, die damit aufscheinende Idee einer «Selbstverwirklichung im Allgemeinen» (Theunissen 1982) philosophisch zu konzeptualisieren. Auch für ihn ist die Moderne von Entfremdungserscheinungen gezeichnet – der Zerrissenheit des modernen Bewusstseins, dem Auseinandertreten von «Besonderem» und «Allgemeinem» in den von Desintegration bedrohten Zusammenhängen der bürgerlichen Gesellschaft. Doch gilt ihm nicht der Selbstverlust der Individuen durch die Gesellschaft, sondern die Kluft zwischen Individuum und Gesellschaft als Kern des Problems. Entfremdung bzw. Entzweiung ist bei Hegel defizitäre Sittlichkeit. Dabei meint «Sittlichkeit» aber nicht die ethisch substantielle Integration in vormoderne Gemeinschaftstypen, sondern soll dem «Recht des Individuums auf seine Besonderheit» (Hegel 1820, § 260) Genüge tun. Umgekehrt beruht der Anti-Atomismus Hegels auf der Idee, dass Individuen sich immer schon in sozialen Beziehungen befinden, deren «Realisierung» zu den Voraussetzungen ihrer Freiheit gehört. Wo Hegel also die von Rousseau skizzierte Problematik aufnimmt, transformiert er dessen Ansatz in ein Konzept von Freiheit als Sittlichkeit und Sittlichkeit als Freiheit: Frei sind wir in und vermittelt durch die überindividuellen Institutionen, in denen wir uns als Individuen erst verwirklichen können.

Was andererseits die begriffliche Gestalt des Entfremdungskonzepts angeht, so gewinnt dieses mit Hegel das philosophische Bewegungsmuster, das in der Nachfolge Hegels entscheidend werden wird. Hegels *Phänomenologie des Geistes* (1807) verfolgt die Entäußerungsbewegung des Geistes «in sein Anderssein», die Entzweiung von Subjekt und Objekt als eine Bewegung von Entfremdung und Aufhebung der Entfremdung. Es ist ein Erfahrungsprozess, der erst im absoluten Geist aufgelöst wird, also in jenen Formen der Selbsterkenntnis, die sich Hegel zufolge paradigmatisch in Religion und Philosophie artikulieren. Entfremdung hat hier weniger eine pejorative Bedeutung als die eines notwendigen Entwicklungsmoments. Sie wird deutbar als die Bewegung eines Subjekts, das sich in die Welt entäußert und sich dadurch Wirklichkeit gibt, indem es sich in ein Verhältnis zum Anderen seiner selbst setzt, sich also durch die Welt, die es als Produkt seiner vergegenständlichenden Tätigkeit verstehen gelernt hat, auf sich selbst bezieht.

Marx greift das hegelsche Thema der sittlichen Entzweiung auf, kritisiert die hegelsche «Lösung» des Problems aber scharf. Hegel hatte nämlich das Integrationsdefizit der bürgerlichen Gesellschaft durch deren Einbettung in die übergeordnete Sittlichkeit des Staates kompensiert. Die damit akzeptierte Zweiheit von *bourgeois* und *citoyen*, also vom Menschen als Staats- und als Wirtschaftsbürger, von Wirtschaft und Politik, ist für Marx jedoch Ausdruck einer Entfremdung, die nur eine radikale, auch die ökonomische Sphäre umfassende «menschliche Emanzipation» aufzuheben vermag (Marx 1844b, S. 354f., 363f., 369f.). Im entfremdungstheoretisch bedeutsamsten und wirkmächtigsten Dokument seiner Theorie, den *Ökonomisch-Philosophischen Manuskripten* (Marx 1844a), unterscheidet Marx vier Aspekte des im entstehenden Kapitalismus allgegenwärtigen Phänomens entfremdeter Arbeit: Diese entfremdet den

Arbeiter nämlich *erstens* vom Produkt seiner Arbeit; *zweitens* von seiner eigenen Tätigkeit; *drittens* von dem, was Marx «Gattungswesen» nennt (damit meint er in erster Instanz das Verhältnis des Menschen zu sich selbst als eines freien Wesens, für das Arbeit ebenfalls freie Tätigkeit sein müsste, aber auch das, was die menschliche Gattung als Gattung kooperativ vermag); und *viertens* von den anderen Menschen. Entfremdung ist so die Störung des Verhältnisses, das man zu sich und der sozialen wie natürlichen Welt hat oder haben sollte.

In dem von Marx als «Entfremdung» angesprochenen Defizit lassen sich durchgängig zwei Dimensionen erkennen: einerseits die Unfähigkeit, über das, was man tut, Kontrolle auszuüben, d.h. individuell oder kollektiv «Subjekt der eigenen Handlungen» zu sein (das Problem der Ohnmacht); andererseits die Unfähigkeit, sich mit dem, was man tut, und mit denjenigen, mit denen man es tut, sinnhaft zu identifizieren (das Problem der Verarmung, des Sinnverlusts und der Bedeutungslosigkeit der Welt). So impliziert die Entfremdung vom Produkt der eigenen Tätigkeit zum einen Kontrollverlust und Enteignung: Die entfremdet Arbeitenden verfügen nicht mehr über das, was sie als Verkäufer ihrer Arbeitskraft selber hergestellt haben, es gehört ihnen nicht. Es wird auf einem Markt, den sie nicht kontrollieren, zu Bedingungen, die sie nicht kontrollieren, getauscht. Entfremdung vom Gegenstand bedeutet aber zum anderen, dass dieser den Arbeitenden fragmentiert erscheinen muss: Da sie unter Bedingungen von Spezialisierung und Arbeitsteilung arbeiten, haben sie keine Beziehung zum Produkt ihrer Arbeit als Ganzem.

Dieselbe Doppelung von Machtlosigkeit und Sinnverlust kennzeichnet auch die Entfremdung von der eigenen Tätigkeit: Entfremdete Arbeit ist einerseits unfreie Tätigkeit, Arbeit also, in die man und in der man gezwungen ist. Ohnmächtig können die entfremdet Arbeitenden den ihnen intransparenten Gesamtprozess, dessen Teil sie sind, weder durchschauen noch kontrollieren. Marx spricht als entfremdet andererseits die Beschränktheit und Stumpfheit der Arbeit an. Kennzeichen entfremdeter Arbeit ist nicht nur, dass sich andere (die Besitzer der

Produktionsmittel) ihrer bemächtigen, sondern auch, dass die Arbeit keinen intrinsischen Zweck hat, dass sie nicht (zumindest auch) um ihrer selbst willen ausgeübt werden kann. So kommt es, dass der Arbeiter sich «in seiner Arbeit nicht bejaht, sondern verneint, nicht wohl, sondern unglücklich fühlt, keine freie physische und geistige Energie entwickelt, sondern seine Physis abkasteit und seinen Geist ruiniert» (ebd., S. 514).

Umgekehrt wäre der Marx'schen Anthropologie zufolge nicht-entfremdete Arbeit als produktive Weltaneignung die Voraussetzung dafür, ein angemessenes Verhältnis zu sich, zur gegenständlichen Welt und zu den anderen entwickeln zu können. Das aber verlangt nach einer qualitativ anderen Gesellschaftsordnung. Im Unterschied zu Hegel impliziert Marx' Diagnose der strukturellen Quellen der Entfremdung in der modernen kapitalistischen Gesellschaft, dass die bestehende institutionelle Ordnung – weit davon entfernt, Ausdruck sozialer Freiheit zu sein – eine Form struktureller Unfreiheit ist, die nur im Rahmen revolutionärer, also struktureller Transformation überwunden werden kann.

Nach Marx

Schon Hegel und Marx verbinden den Begriff der Entfremdung mit dem der Verdinglichung. Im Anschluss daran findet sich diese Verknüpfung vor allem im Werk des ungarischen marxistischen Philosophen Georg Lukács, insbesondere in seinem berühmten Aufsatz «Die Verdinglichung und das Bewußtsein des Proletariats» (1923). Zentral ist hier die These von der «Universalität der Warenform» als Charakteristikum der modernen Gesellschaft. Mit dieser These wird die Theorie der Verdinglichung zur Theorie der modernen kapitalistischen Gesellschaft in allen ihren Erscheinungsformen. Prägend sind für Lukács die Phänomene von Indifferenz, Versachlichung, Quantifizierung und Abstraktion, die sich mit der Ausbreitung der kapitalistischen Tauschwirtschaft in sämtlichen Lebensverhältnissen und Ausdrucksformen der Gesellschaft niederschlagen – auch im Selbstverhältnis der Individuen, die sich zu sich selbst, zu ihren eigenen Fähigkeiten und zu den anderen, mit denen sie in Beziehung stehen, wie zu Dingen verhalten. Abstrakte Allgemeinheit und Kalkulierbarkeit durchziehen mit der Verselbständigung des Tauschwertes die gesamte Struktur der kapitalistischen Gesellschaft und überformen damit auch die alltäglichen Lebensverhältnisse und intersubjektiven Relationen (vgl. Habermas 1981, Bd. 1, S. 474 ff.).

Max Weber hatte das Bild vom «stählernen Gehäuse» entworfen, in dem der Mensch der bürokratisierten kapitalistischen Gesellschaft gefangen ist (Weber 1904/05, S. 203). Und Simmel hatte die «Tragödie der Kultur» beschrieben, in der die Produkte menschlicher Freiheit sich den Menschen gegenüber als etwas Objektives verselbstständigt haben (Simmel 1911), und die mit der Ausbreitung der Geldwirtschaft einhergehende Verkehrung von Freiheit in Sinnverlust analysiert. Diese Befunde fangen die von Lukács beobachteten Phänomene auf prägnante Weise ein und werden von ihm rückgeführt auf die Transformationen der individuellen Selbstverhältnisse wie der sozialen Verhältnisse, die der kapitalistische Warentausch mit sich bringt: «An dieser struktiven Grundtatsache ist vor allem festzuhalten, dass durch sie dem Menschen seine eigene Tätigkeit, seine eigene Arbeit als etwas Objektives, von ihm Unabhängiges, ihn durch menschenfremde Eigengesetzlichkeit Beherrschendes gegenübergestellt wird. [...] eine Welt von fertigen Dingen und Dingbeziehungen entsteht (die Welt der Waren und ihrer Bewegung auf dem Markte), deren Gesetze zwar allmählich von den Menschen erkannt werden, die aber auch in diesem Falle ihnen als unbezwingbare, sich von selbst auswirkende Mächte gegenüberstehen.» (Lukács 1923, S. 175)

Die gleichen Motive spielen, wenn auch nicht immer explizit, eine wichtige Rolle in den Werken von Autoren der Frankfurter Schule. So diagnostiziert Theodor Adorno eine umfassende und ins Innerste der Subjektivität reichende Entfremdung unter Bedingungen der verwalteten Welt, und Herbert Marcuse argumentiert mit seiner Rede vom «eindimensionalen Menschen» in eine ähnliche Richtung. Allerdings wird in der Diagnose von Marcuse zugleich die Problematik dieser Art von Entfremdungskritik deutlich (Marcuse 1964, S. 31 f.): Zwar gesteht er zu, dass «der Begriff der Entfremdung fraglich zu werden scheint, wenn sich die Individuen mit dem Dasein identifizieren, das ihnen auferlegt wird, und an ihm ihre eigene Entwicklung und Befriedigung haben». Trotzdem besteht er darauf, dass wir auf einer «fortgeschrittenen Stufe [...] gänzlich objektiv geworden[er]» Entfremdung leben, in der die subjektive Zufriedenheit der in die objektiv entfremdeten Verhältnisse Integrierten als ein «falsches Bewußtsein» verstanden werden muss, «das gegen seine Falschheit immun ist». Immun bzw. widerlegungsresistent scheint sich damit allerdings auch die Entfremdungstheorie selbst zu machen.

Die zweite, «existentialistische» Linie der Entfremdungskritik, die für die sozialphilosophische Diskussion etwas weniger einflussreich ist, setzt mit Kierkegaards Ethik der Existenz ein. Diese antwortet auf das Problem der Entzweiung, der Indifferenz und des Bezugsverlusts zu sich und zur Welt ebenfalls mit dem Motiv der praktischen Aneignung. Kierkegaard denkt in Reaktion auf den «Bestimmungsverlust des modernen Menschen» Selbstwerdung als Aneignung der eigenen Handlungen und der eigenen Geschichte, als den Vorgang, «sich praktisch zu ergreifen», und als tätige Inbesitznahme des fremd Gesetzten (Theunissen 1991, S. 6–10): Gegen die Zumutungen der konformisierenden Öffentlichkeit muss sich das Individuum bemühen, ‹ein einzelner Mensch›, ein ‹vereinzelter Einzelner› zu werden. Diese Idee wird später von Sartre in seiner Gegenüberstellung von Unaufrichtigkeit bzw. Selbsttäuschung und einem nicht-verdinglichenden oder freien Selbstverhältnis aufgegriffen (Sartre 1943, S. 91 ff.): Der «Kellner, der spielt Kellner zu sein», verliert die Distanz zu seiner Rolle, identifiziert sich mit externen sozialen Anforderungen und verliert auf diese Weise einen eigenen Willen, da er vor der Aufgabe flüchtet, er selbst zu sein.

Ausgangspunkt wie Ergebnis der existentialistischen Entfremdungskritik unterscheiden sich von der «Hegel-Marx-Linie» jedoch nicht zuletzt darin, dass in Letzterer Entfremdung als sozialtheoretisch zu entziffernde Entfremdung von der sozialen Welt gedacht wird; für den Existentialismus hingegen scheint das Faktum des Eingelassen-Seins in eine öffentliche Welt gerade die Quelle der Entfremdung zu sein. So diagnostiziert Kierkegaard den Authentizitätsverlust der Subjekte angesichts der als «Nivellierung» beschriebenen Öffentlichkeit (Kierkegaard 1846, S. 89 f.). Und Heidegger sieht das soziale «Mitsein» zwar als konstitutiv für das menschliche «In-der-Welt-Sein», erblickt in der «Herrschaft des Man» jedoch einen darin strukturell angelegten Modus der «Uneigentlichkeit»; dieser führt zu einer Form der Selbstentfremdung, die sich aus der konformistischen Orientierung an anonymen anderen ergibt und von der sich das «Dasein» nur schwer emanzipieren kann (Heidegger 1927, § 27).

Entfremdung und Aneignung

An die hier skizzierten Bestimmungen von Entfremdung lässt sich heute aus unterschiedlichen Gründen nicht nahtlos anschließen. Wenn Entfremdung, beginnend mit Rousseau, als Missverhältnis zwischen der Natur des Menschen und seinem gesellschaftlichen Leben aufgefasst wird, scheint die Rückführung aus dem entfremdeten Zustand in einen nicht-entfremdeten immer eine Rückkehr zu diesem Wesen, zur Bestimmung oder Natur des Menschen zu implizieren. Entfremdungskritik setzt dann eine objektiv begründete Gestalt oder Zielbestimmung wahren Menschseins voraus, von der man sich im entfremdeten Zustand entfernt habe. Wo man sich von etwas entfremdet, liegt immer die Annahme nahe, dass es etwas wesenhaft «Eigenes» ist, von dem man sich entfremdet. Doch die Unterstellung, es gebe ein überzeitliches Wesen der menschlichen Natur, erscheint heute, nach Jahrzehnten der Essentialismuskritik, als kaum mehr vertretbar (vgl. aber Schloßberger 2014).

Das Problem der Entfremdung allerdings ist immer noch – vielleicht auch wieder – gegenwärtig. Angesichts neuerer ökonomischer und gesellschaftlicher Entwicklungen vor allem in der Arbeitswelt artikuliert sich in wachsendem Maße eine Beunruhigung, die sich, wenn nicht immer dem Namen, so doch der Sache nach mit dem Phänomen der Entfremdung in Verbindung bringen lässt. Große Beachtung hat Richard Sennetts Buch *Der flexible Mensch* (1998) mit seiner These gefunden, der «flexible Kapitalismus» bedrohe die Identität des Einzelnen und den sozialen Zusammenhang der Gesellschaft. Zunehmend laut werden die Bedenken gegenüber der Vermarktlichung oder «Kommodifizierung» immer größerer Lebensbereiche, und auch die Klage gegen die entfremdenden Effekte sozialer Beschleunigung (Rosa 2013) ist Anzeichen für eine wiedererwachende Sensibilität gegenüber Phänomenen, die man im Zusammenhang der erwähnten Theorien mit den Begriffen «Entfremdung» oder «Verdinglichung» charakterisiert hat. So liegt die Vermutung nahe, dass man nur um den Preis der Verarmung theoretischer Ausdrucks- und Deutungsmöglichkeiten auf den Begriff der Entfremdung verzichten kann, wenn man diese Phänomene theoretisieren und kritisieren möchte (vgl. Jaeggi 2005).

Die Herausforderung besteht dabei darin, die problematischen essentialistischen Implikationen des klassischen Entfremdungsdiskurses zu vermeiden. Jeder Versuch einer Wiederanknüpfung an den Entfremdungsbegriff muss drei Aufgaben bewältigen: Erstens muss dem Essentialismusvorwurf gegenüber gezeigt werden, dass eine nicht-essentialistische Rekonstruktion des Entfremdungsbegriffs möglich ist. Zweitens muss gegenüber dem Paternalismusvorwurf gezeigt werden, dass Entfremdungskritik nicht gegen den modernen Anspruch auf Selbstbestimmung steht, sondern vielmehr dessen soziale Voraussetzungen ausbuchstabiert. Und drittens muss plausibel gemacht werden, dass aus der Entfremdungskritik ein Verständnis menschlichen Welt- und Selbstbezugs folgt, das nicht der Illusion aufsitzt, ein nichtentfremdetes Verhältnis bestehe in vollkommener Transparenz, Kontrolle und Verfügung.

Versteht man Entfremdung als Unvermögen, sich zu sich selbst, zu anderen und zur Welt in Beziehung zu setzen, so ist damit eine Beziehungslosigkeit besonderer Art bezeichnet: eine Trennung oder Separierung von etwas, das zusammengehört, der Bezugsverlust zwischen Größen, die dennoch in einem Verhältnis zueinander stehen. Entfremdung beschreibt damit nicht das Nichtvorhandensein, sondern die Qualität einer Beziehung.

Paradox formuliert: Entfremdung ist eine *Beziehung der Beziehungslosigkeit* (vgl. ebd., Teil I). Zum Deutungsmuster der Entfremdung gehört außerdem folgender Charakterzug: Diejenigen Dinge oder Verhältnisse, von denen man sich entfremdet hat, sind immer «eigen» und «fremd» zugleich. Sofern wir in entfremdete Verhältnisse involviert sind, scheinen wir deshalb auf komplizierte Weise immer zugleich Opfer und Täter zu sein. Die sozialen Rollen, in denen jemand als «seiner selbst entfremdet» gelten kann, spielt er doch gleichzeitig selbst. Wünsche, von denen wir bezweifeln, dass sie wirklich «zu uns gehören», sind gerade deshalb so irritierend, weil sie gleichzeitig unbezweifelbar unsere eigenen sind. Und die sozialen Institutionen, die den Menschen erstarrt und fremd gegenüberstehen, sind zugleich von ihnen geschaffen und werden von ihnen reproduziert. Wir haben hier, das ist das Spezifische entfremdeter Verhältnisse, keine Macht über das, was wir selber tun.

In der Entfremdungskritik verschränken sich daher wie schon bei Marx zwei verschiedene Diagnosen: einerseits die des *Machtverlusts* – entfremdete Verhältnisse sind Verhältnisse, in denen wir als Subjekte entmachtet sind –, und andererseits die des *Sinnverlusts* – eine entfremdete Welt ist eine Welt, die von uns nicht als sinnvoll erfahren wird und zu der wir keine bedeutungsvollen Beziehungen haben. Unter dem Stichwort «Entfremdung» wird, anders gesagt, gleichzeitig Fremdbestimmung und Bestimmungslosigkeit thematisiert.

Wenn nun Entfremdung als Beziehung der Beziehungslosigkeit verstanden werden kann, muss umgekehrt die Aufhebung von Entfremdung nicht die Rückkehr zu einem ungeschiedenen Eins-Sein mit sich und der Welt oder die Wiederherstellung einer Wesensgleichheit bedeuten (vgl. ebd., Teil III). Auch die Aufhebung der Entfremdung ist eine Beziehung, ein Aneignungsverhältnis. Die Aufgabe besteht dann nicht in einer substantiellen Bestimmung dessen, wovon man sich im Zustand der Entfremdung entfremdet. Vielmehr ist es der Charakter jener Beziehung, der zu untersuchen ist, sind es verschiedene Formen der Störung von Aneignungsverhältnissen (etwa in der modernen Arbeitswelt), die sich mit dem Begriff der Entfremdung diagnostizieren lassen. Das Aneignungsverhältnis sollte dabei als produktives Verhältnis und als offener Prozess verstanden werden, der nicht auf ein Selbstverhältnis ausgerichtet ist, in dem alle Entfremdung überwunden und vollkommene Transparenz und Verfügung über das Selbst realisiert wäre. Aus dieser Deutung von Entfremdung ergibt sich auch der Zusammenhang zwischen Freiheit und Entfremdung, auf den wir zu Anfang dieses Kapitels bereits hingewiesen haben: Sofern Freiheit nämlich voraussetzt, dass man sich das, was man tut, und die Bedingungen, unter denen man es tut, zu eigen machen kann, ist die Überwindung von Entfremdung Voraussetzung für die Verwirklichung von Freiheit.

7. Macht

Im vorletzten Kapitel haben wir bereits jene «negativen» Theorien der Intersubjektivität kennengelernt, denen zufolge soziale Beziehungen der Anerkennung immer auch Herrschafts- und Unterwerfungsbeziehungen sind. Herrschaft und Unterwerfung sind Formen von Macht – doch was genau ist Macht, was ist der Unterschied zwischen Macht, Herrschaft und Gewalt, was das Verhältnis zwischen ihnen, und wann sind Machtverhältnisse problematisch und kritikwürdig?

Macht ist eines der zentralen Probleme der Sozialphilosophie, sofern diese sich mit der Schnittstelle von Individuum und Gesellschaft und der Frage beschäftigt, wie soziale Integration und Reproduktion – auf mehr oder weniger problematische Weise – funktionieren. Ein nicht zu vernachlässigender, wenn nicht gar der wichtigste Gesichtspunkt bei der Analyse wie der Beurteilung einer gegebenen sozialen Ordnung ist demnach die Frage, wie in ihr die Machtverhältnisse beschaffen und organisiert sind. Und gerade aus der Perspektive der Kritik zeigt sich: Sozialkritik ist immer auch (manche würden sagen: vor allem) Machtkritik.

Natürlich stehen Macht und Herrschaft auch im Zentrum der Politischen Philosophie. Deren Perspektive unterscheidet sich aber in zwei wesentlichen Hinsichten von der der Sozialphilosophie: Zum einen fokussiert die Politische Philosophie auf *politische* Formen der Ausübung von Macht und insbesondere auf staatliche Herrschaft. Zum anderen ist sie primär an der Frage der Legitimität und Stabilität von Macht und Herrschaft interessiert. Auch die Soziologie beschäftigt sich mit Machtverhältnissen, allerdings vor allem in empirischer Hinsicht: Welche individuellen und kollektiven Akteure verfügen in einer gegebenen gesellschaftlichen Konstellation über welche Formen von Macht? Wer übt Macht über wen und mit welchen Mitteln aus?

Die Sozialphilosophie hingegen interessiert sich zum einen für eine Perspektive auf Macht, die deutlich breiter ist als die der Politischen Philosophie. Sie fragt nach sozialen Machtverhältnissen im Allgemeinen, ohne sich auf institutionalisierte Macht oder gar staatliche Herrschaft zu beschränken. Zum anderen ist sie – anders als die Soziologie – auch oder sogar vor allem an jenen Formen der Macht interessiert, die aus kritischer Perspektive problematisiert werden können, etwa weil sie gelingende intersubjektive Beziehungen und die für diese notwendige soziale Freiheit blockieren. Die Frage nach der Legitimität von Machtverhältnissen stellt sich damit auch auf andere Weise als in der auf staatliche Herrschaft zentrierten Politischen Philosophie.

Machtverhältnisse sind vor allem dann problematisch, wenn sie die Selbstverwirklichung von Individuen und gesellschaftliche Transformationsprozesse behindern. Daher kann ein spezifischer Beitrag der Sozialphilosophie zur Machtdiskussion darin gesehen werden, dass sie eine ganze Bandbreite asymmetrischer Machtverhältnisse in den Blick nimmt, die nicht nur die individuelle, sondern auch die soziale Freiheit unterminieren. Einen Eindruck von dieser Bandbreite vermittelt etwa Iris Marion Young, indem sie fünf Gesichter der Beherrschung unterscheidet, die Menschen individuell betreffen, aber zugleich Ausdruck struktureller Machtbeziehungen sind (Young 1990, Kap. 2):

Ausbeutung (etwa wenn Frauen die Arbeit erledigen, für die die Männer, von denen sie abhängen, dann öffentlich anerkannt und belohnt werden), Marginalisierung (etwa wenn nordafrikanische Einwanderer und ihre Kinder kaum Chancen auf einen Arbeitsplatz haben), Machtlosigkeit (etwa wenn diejenigen, die einen Job haben, keinerlei Kontrolle über die Bedingungen haben, unter denen sie arbeiten), Kulturimperialismus (etwa wenn rassistisch diskriminierte Gruppen ihre eigenen Erfahrungen nicht in öffentlich wahrnehmbarer Weise ausdrücken können) und Gewalt (etwa wenn sich Angehörige stigmatisierter Minderheiten erhöhter physischer und symbolischer Gewalt ausgesetzt sehen).

Um diese komplexen Machtverhältnisse zu verstehen, muss die Sozialphilosophie nicht nur die – gleich oder ungleich verteilten – Zugangsmöglichkeiten zu Machtpositionen und Einfluss untersuchen; sie muss auch nach der internen Beschaffenheit und Struktur der gesellschaftlichen Machtverhältnisse fragen – etwa: wie rigide oder wie veränderungsoffen sind sie? – und nach deren teilweise nicht offen repressiven, sondern sehr subtilen Wirkungsweisen – etwa: auf welche Weise limitieren sie die kritische Reflexions- und Handlungsfähigkeit der Akteure?

Was ist Macht? Vier Bestimmungsversuche

Was also ist Macht, und wie wird sie in der sozialphilosophischen Diskussion konzipiert? Die erste Frage ist auch deshalb nicht so einfach zu beantworten, weil der Begriff der Macht an seinen Rändern unscharf wird: So kommt es zu Überschneidungen mit anderen Begriffen wie etwa dem der Herrschaft, des Zwangs und der Autorität. Eine weitere Komplikation besteht darin, dass Macht nicht ausschließlich negativ belegt, sondern grundlegend doppeldeutig ist. Wir sprechen schließlich nicht nur davon, dass jemand der Macht anderer unterworfen ist, sondern auch davon, dass es «in der Macht» von individuellen und kollektiven Akteuren steht, bestimmte Dinge zu tun oder zu erreichen. Macht ist also nicht nur beschränkend, sondern auch ermöglichend, und das nicht nur in dem Sinne, dass die

Beschränkung des einen die Ermöglichung des anderen ist. Wie wir sehen werden, spielt daher die Unterscheidung zwischen konstitutiver oder ermöglichender und behindernder oder einschränkender Macht in der Sozialphilosophie eine zentrale Rolle (vgl. Strecker 2012, Teil I).

Exemplarisch können für die Komplexität des Machtbegriffs vier unterschiedliche Bestimmungsversuche angeführt werden, die in der theoretischen Diskussion bis heute einflussreich sind:

(1) Hobbes zufolge ist Macht immer die Macht eines einzelnen Akteurs, mit den ihm zur Verfügung stehenden Ressourcen bestimmte Ziele zu erreichen. So hält er fest, dass, «weil die Macht eines Menschen den Wirkungen der Macht eines anderen widersteht und diese behindert, Macht nichts anderes ist als das Übermaß der Macht des einen über die des anderen» (Hobbes 1640, S. 48). Diese individualistische Bestimmung von Macht als etwas, das individuelle Akteure über andere Akteure haben und von dem der eine nur mehr haben kann, wenn die anderen im gleichen Zug weniger haben, hat in der Diskussion über Macht enormen Einfluss ausgeübt.

(2) In eine ganz ähnliche Richtung zielt die Definition von Max Weber: «Macht bedeutet jede Chance, innerhalb einer sozialen Beziehung den eigenen Willen auch gegen Widerstand durchzusetzen, gleichviel worauf diese Chance beruht.» (Weber 1921, S. 28) Auch diese Definition ist individualistisch, insofern sie auf die Durchsetzung des Willens eines Akteurs gegen andere abzielt. Und auch hier ist Macht als «Nullsummenspiel» konzipiert: Wenn eine Partei mehr Macht erlangt, hat die andere in der Konsequenz weniger – die Gesamtsumme der Macht bleibt dabei gleich. Bis heute prägt dieser Machtbegriff viele sozialwissenschaftliche Analysen von Macht – in der theoretischen Diskussion ist er aber nicht unwidersprochen geblieben.

(3) Eine prominente Alternative findet sich im Werk von Hannah Arendt: Ihr zufolge lässt sich Macht nicht individualistisch verstehen, sondern ist vielmehr wesentlich auf gemeinsames bzw. kollektives Handeln bezogen: «Macht entspringt der menschlichen Fähigkeit, nicht nur zu handeln oder etwas zu tun, sondern sich mit anderen zusammenzuschließen und im

Einvernehmen mit ihnen zu handeln.» (Arendt 1970, S. 45) Hier lässt sich Macht also durch Zusammenschluss steigern und ist nicht Teil eines Nullsummenspiels: Wenn Menschen zusammen handeln, haben sie mehr Macht, ohne dass eine andere Partei dadurch bereits weniger hätte.

(4) Auch Michel Foucault plädiert für einen weit gefassten Machtbegriff, setzt dabei aber andere Akzente als Arendt: «Die Macht muss [...] als etwas analysiert werden, das zirkuliert, oder eher noch als etwas, das nur in einer Kette funktioniert; sie ist niemals lokalisiert hier oder da, sie ist niemals in den Händen einiger, sie ist niemals angeeignet wie ein Reichtum oder ein Gut. Die Macht funktioniert, die Macht übt sich als Netz aus [...]. Mit anderen Worten, die Macht geht durch die Individuen hindurch, sie wird nicht auf sie angewandt.» (Foucault 1976, S. 238) Arendt und Foucault wenden sich beide gegen die zwei Grundprämissen, die die von Hobbes und Weber geprägte Auffassung von Macht bestimmen: Statt Macht als etwas zu verstehen, das von einem Individuum über ein anderes ausgeübt wird, sehen sie Macht als *Relation*, die zudem produktiv und steigerungsfähig ist und nicht auf Behinderung oder Einschränkung reduziert werden kann. Foucault betont zudem, anders als Arendt, dass Macht auch insofern produktiv ist, als Subjekte erst in Machtverhältnissen zu denen werden, die sie sind: Anstatt dass fertige Subjekte in Machtverhältnisse eintreten, werden sie allererst in und durch diese Machtverhältnisse als Subjekte mit einer bestimmten Identität konstituiert. Damit greift Foucault einen Grundgedanken von Nietzsches *Genealogie der Moral* auf, die den für die konventionelle Moral grundlegenden «Glauben» bzw. «Aberglauben» an das freie Subjekt zu unterminieren anstrebt, indem sie Letzteres als Effekt machtdurchzogener Praktiken beschreibt (vgl. Nietzsche 1886/87; Saar 2007).

An dieser Stelle mag man sich fragen, ob die vier angeführten Klassiker der Machttheorie überhaupt über dasselbe Phänomen reden – etwa wenn Arendt Macht als Handeln im Einvernehmen, Weber dagegen als Handeln gegen das Widerstreben anderer versteht. Vergleicht man die Positionen von Arendt und Weber, so springt sofort ins Auge, dass beide das Verhältnis von Macht und Herrschaft bzw. Gewalt sehr unterschiedlich begreifen. Bei Weber gehören Macht und Herrschaft (und im Zweifelsfall auch Gewalt als ein Mittel der Willensdurchsetzung) zum selben Kreis von Phänomenen. Herrschaft, so definiert Weber im Anschluss an seine Definition der Macht, «soll heißen die Chance, für einen Befehl bestimmten Inhalts bei angebbaren Personen *Gehorsam* zu finden» (Weber 1921, S. 28). Herrschaft ist damit der gegenüber Macht spezifischere oder «präzisere» Begriff; die Ausübung von Herrschaft – das Verhältnis von Befehl und Gehorsam – ist für Weber aber gewissermaßen der paradigmatische Fall von (meist institutionalisierter und relativ dauerhafter) Machtausübung.

Bei Arendt verhält es sich genau umgekehrt: Im Zentrum ihrer Auffassung von Macht steht gerade die Kritik an der Gleichsetzung von Macht, Herrschaft und Gewalt. Gewalt und Herrschaft gehen für Arendt nicht nur nicht unverbrüchlich mit Macht einher oder stehen im Hintergrund der Macht; Macht besteht dort gerade nicht, wo Gewalt herrscht, und allgemeiner: wo jemand dem anderen seinen Willen aufnötigt. Dass ein Wille sich nicht kollektiv und im Konsens formiert, sondern herrschaftlich-asymmetrisch aufgenötigt wird – etwa wenn ein despotischer Herrscher sich nicht mehr auf Unterstützung aus dem Volk verlassen kann, sondern die Armee auf Protestierende schießen lässt –, ist für Arendt bereits ein Anzeichen dafür, dass die Macht erodiert ist: «Aus den Gewehrläufen kommt immer der wirksamste Befehl, der auf unverzüglichen, fraglosen Gehorsam rechnen kann. Was niemals aus den Gewehrläufen kommt, ist Macht.» (Arendt 1970, S. 54)

Der Unterschied könnte also kaum größer sein: Im einen Fall geht es um Willensdurchsetzung im Konfliktfall, im anderen um Zusammenschluss und Einvernehmen; im einen Fall sind Machtverhältnisse immer asymmetrisch und finden ihre Zuspitzung in Herrschaft und Gewalt, im anderen wird Macht als kommunikatives und symmetrisches Verhältnis gerade mit der Sprachlosigkeit und Asymmetrie von Herrschaft und Gewalt kontrastiert.

Doch auch wenn Arendt überzeugend darlegt, dass Macht als spezifisches Verhältnis im Unterschied zu Gewalt verstanden werden sollte, wirft ihre Gegenüberstellung von Macht und Gewalt auch ein Problem auf: Die Möglichkeit von Gewalt und Asymmetrie aus der Macht ganz auszuschließen, steht in Spannung zum gewöhnlichen Sprachgebrauch und zu verbreiteten Intuitionen darüber, wie Macht funktioniert. Zudem hat Arendts Betonung des politischen Charakters von Macht den Effekt, dass sie die Macht aus dem Kontext sozialer Machtverhältnisse herauslöst. Damit bekommt Arendt einen aus sozialphilosophischer Sicht wesentlichen Faktor für den Bestand oder die Erosion von Macht, nämlich deren soziale Verankerung und Einbettung, gar nicht in den Blick.

Dennoch gibt es etwas, das für die von Arendt vorgeschlagene Modifikation des Machtbegriffs spricht, für ihren Einspruch gegen Weber und die Tradition, welche Macht als Konfliktverhältnis denkt: Denn Macht hat, auch wenn man sie als Willensdurchsetzung verstehen möchte, stets eine konsensuelle Dimension. Sie beruht immer auch auf kollektiver Akzeptanz und kann kollektiv generiert und mobilisiert werden – Arendt zufolge exemplarisch in revolutionärem politischen Handeln, das nicht nur auf die Befreiung von einem alten Regime zielt, sondern auch auf die Etablierung eines neuen politischen Gemeinwesens. Wenn Arendt darauf besteht, dass der Griff zur Gewalt eher ein Ausdruck von Machtlosigkeit als von Macht ist und dass die Macht tatsächlich «auf der Straße liegt», da Herrscher nur so lange herrschen können, wie die Beherrschten sie als Herrscher anerkennen (Arendt 1963, S. 59), so hat dies gerade in jüngster Zeit, etwa im Kontext des sogenannten Arabischen Frühlings, wieder vermehrt Zuspruch gefunden.

Jedoch lässt sich aus der jüngeren Geschichte zugleich lernen, dass Macht stets auch ein Moment der Durchsetzung gegen andere umfasst, wie konsensuell auch immer sie konstituiert wird. Daher wird heute vielfach angenommen, dass Macht nicht monolithisch verfasst ist, dass sich in so gut wie allen Machtverhältnissen asymmetrische und symmetrische Momente miteinander verbinden, dass Macht ferner immer mit Gegenmacht einhergeht und daher auch mit gewissen Freiheitsspielräumen, die die Möglichkeit des Widerstands zum Bestandteil von Macht selbst machen (vgl. Saar 2009).

Erweiterungen des Machtbegriffs

Vor dem Hintergrund dieser unterschiedlichen Bestimmungsversuche und der Entwicklungen, die sich in der sozialphilosophischen Diskussion daran angeschlossen haben, verwundert es nicht, dass der Machtbegriff immer subtiler und differenzierter geworden ist. Dies hat nicht zuletzt zu einer begrifflichen Ausdehnung geführt, die sich in der Rede von struktureller Macht und den Mikrostrukturen der Macht niederschlägt. Heute ist es eine sozialphilosophische Selbstverständlichkeit, dass Macht nicht nur von staatlichen Institutionen wie Regierung, Armee und Polizei ausgeht, sondern ebenso in Wissenschaft, Familien und Geschlechterverhältnissen wirkt. Sie durchzieht damit neben formellen Institutionen auch informelle soziale Strukturen, Beziehungen und Kräfteverhältnisse. Macht wirkt also auch nicht immer direkt, etwa uber Gebote und Verbote oder über Zwang und Drohung, sondern auch über Formen sozialer Sichtbarkeit und Unsichtbarkeit (etwa wenn Angehörige von Minderheiten in bestimmten sozialen Kontexten ignoriert werden), über die Strukturierung der Optionen, die Akteuren zur Verfügung stehen (etwa wenn bestimmte Alternativen von vornherein als indiskutabel oder unrealistisch ausgeschlossen werden), und über unmerkliche Normierungen (etwa wenn als normal vorausgesetzt wird, dass sich jeder Mensch eindeutig einem von zwei Geschlechtern zuordnen lässt). Macht durchzieht auch soziale Institutionen wie das Recht und die Zuschreibung individueller Rechte, die eigentlich als emanzipatorisch gedacht sind, also Herrschaft begrenzen und überwinden sollen und aus diesem Grund kaum je selbst als Phänomene der Macht in den Blick kommen (vgl. Menke 2015; Loick 2017).

Anders als die Definition von Weber voraussetzt, ist die Ausübung von Macht nicht immer einschränkend, behindernd und repressiv, und sie beruht nicht immer auf Intentionen oder einem Willen, der sich gegen einen Gegenwillen durchzusetzen versucht. Manche Machtverhältnisse – man denke an die marxistische Analyse von Klassenverhältnissen im Kapitalismus oder an die feministische Analyse von Geschlechterverhältnissen – sind *struktureller* Natur, so dass sich hier nicht auf Akteure mit bestimmten Intentionen verweisen lässt, die anderen ihren Willen auferlegen wollen. Und manche Machtverhältnisse sind *produktiv*, denn sie prägen die Subjekte, die an ihnen partizipieren, auf grundlegende Weise in ihrem Selbstverständnis und ihrer Identität.

Dimensionen der Macht

Die einflussreiche Analyse des Machtbegriffs durch den Sozialtheoretiker Steven Lukes reflektiert die unterschiedlichen Wirkungen von Macht auf anschauliche Weise, indem sie drei Dimensionen bzw. «Gesichter» der Macht unterscheidet (Lukes 1974, Kap. 1):

Die erste Dimension betrifft die Frage, wer für alle sichtbar Einfluss hat oder bestimmte Entscheidungen fällen kann. Das ist das «offene Gesicht der Macht»; man denke hier etwa an die Macht einer Abteilungsleiterin bei der Zuteilung von Arbeit oder eines Polizeipräsidenten bei der Entscheidung über einen Polizeieinsatz.

Die zweite Dimension liegt dem gegenüber «tiefer». Sie bezieht sich auf die Strukturierung von Entscheidungen, also auf Prozesse, die beeinflussen, was überhaupt zur Entscheidung ansteht und was nicht, was als öffentlich diskutierbares Problem wahrgenommen wird und was nicht, welche Optionen Akteuren offenstehen und welche nicht. Dabei kann man an relativ einfache Fälle des «Agenda Setting» denken – etwa Lobbyisten der Rüstungsindustrie, die hinter verschlossenen Türen versuchen, öffentliche politische Entscheidungen in eine bestimmte Richtung zu lenken –, aber auch an weitaus komplexere: So wurden z.B. Fragen des Geschlechterverhältnisses über Jahrhunderte hinweg als privat definiert und daher aus dem Bereich der politischen Diskussion und Regulierung ausgeklammert.

Dies ging eindeutig mit Formen der Macht einher, die vor allem die Optionen für Frauen massiv eingeschränkt haben.

Während die ersten beiden Dimensionen noch auf der Ebene subjektiver Interessen und im Prinzip beobachtbarer Verhältnisse angesiedelt sind, steht die dritte Dimension für eine Art Tiefenwirkung der Macht, die beeinflusst, wie Subjekte ihre eigenen Interessen und Überzeugungen ausbilden, wahrnehmen und formulieren. Die dahinterstehende Vermutung kann auf Marx zurückgreifen. Sie besagt, dass auch Interessen, die auf den ersten Blick die eigenen sind, im Widerspruch stehen können zu den «objektiven» Interessen oder «eigentlichen» Überzeugungen der fraglichen Akteure – etwa der Arbeiterinnen, die das kapitalistische Lohnregime mehr oder weniger klaglos akzeptieren, oder der Studierenden, die die Verschlechterung der Studienbedingungen für unvermeidlich halten. Lukes denkt hier an vermeintlich freiwillige Entscheidungen und scheinbar rationale Überzeugungen, die in Wahrheit jedoch durch Indoktrinierung, Manipulation oder ideologische Irreführung beeinflusst sind. Anders als im Fall offener Machtausübung kann es bei solchen subtilen Beeinflussungsmechanismen zu Konflikten um Macht und Anteilhabe gar nicht kommen, weil die Betroffenen überhaupt kein Problem sehen. Auch diese Dimension der Macht führt zur Entpolitisierung eigentlich praktischer Fragen, die betreffen, wie wir leben möchten, die aber – etwa durch die Rhetorik des Sachzwangs – aus der Sphäre der öffentlichen Diskussion ausgeschlossen werden (vgl. schon Habermas 1968, S. 100).

Deutet man Macht auf diese Weise, so ist es denkbar, dass auch Subjekte, die sich völlig frei fühlen, faktisch in Machtverhältnissen befangen sind. Allerdings ist nicht ohne Weiteres klar, wie man dann die «objektiven» Interessen oder «eigentlichen» Überzeugungen der verblendeten oder irregeleiteten Subjekte identifiziert. Woher wissen Sozialphilosophinnen, was gut für die Menschen ist und was sie eigentlich wollen (würden)? Und etablieren sie durch diesen Wissensanspruch nicht wiederum ein asymmetrisches Machtverhältnis, diesmal zwischen der wissenschaftlichen Perspektive der Sozialphilosophie und der naiven Perspektive der verblendeten gewöhnlichen Akteure? Dies ist ein Problem, auf das wir im nächsten Kapitel im Kontext der Ideologiekritik zurückkommen werden.

Der produktive Effekt von Macht

Bei Lukes ist die These von einer das Selbstverständnis von Subjekten prägenden Tiefenwirkung der Macht an eine repressive Vorstellung von Macht gebunden, die den «eigentlichen» Interessen der Akteure entgegenstehe. Löst man die These von dieser Voraussetzung, kommen die konstituierenden und produktiven Effekte in den Blick, die Macht auf Subjekte haben kann. Wie wir bereits gesehen haben, lässt sich Macht im Anschluss an Foucault auch als Ermöglichungsbedingung verstehen, da sie die Subjekte, ihr Selbstverständnis, ihre Identität und Interessen erst hervorbringt. Es ist ein Prozess, den Foucault als Subjektivierung beschreibt. Dieser Ansatz wird von Judith Butler aufgegriffen und weiterentwickelt, wenn sie die machtdurchzogene Konstitution der geschlechtlichen Identität von Subjekten analysiert (Butler 1993; vgl. schon de Beauvoir 1949).

Im Unterschied zu Lukes gehen Foucault und Butler davon aus, dass es keine tiefer liegende Ebene der «objektiven» Interessen oder «eigentlichen» Überzeugungen gibt, auf die Machtverhältnisse gewissermaßen von außen einwirken. Vielmehr reicht ihnen zufolge die konstituierende und produktive Macht so weit in die Subjekte hinein und durchzieht auch alle Formen des Wissens, dass die Annahme von einem authentischen Kern des Selbst oder von einem Ort außerhalb der Macht fallen gelassen werden muss. Was der Sozialphilosophie dann als Aufgabe bleibt, ist die *Analyse* von Machtverhältnissen. Diese Analyse ist bei Foucault und Butler freilich kritisch intendiert. Dabei ist jedoch umstritten, um was für eine Art von Kritik es sich genau handelt und welche normativen Ressourcen diese Kritik mobilisieren kann. Klar ist, dass es einen Ort außerhalb der Macht – seien es nun Normen, Interessen oder Identitäten –, auf den sich die Gesellschaftskritik beziehen könnte, nicht gibt. Machtkritik muss in dieser Tradition also nicht allein als Kritik an Repression, Herrschaft und Unterwerfung verstanden werden, sondern etwa auch als Kritik der Enthistorisierung und Naturalisierung von Machtverhältnissen, die dann als gegeben oder alternativlos (statt historisch entstanden und kontingent) erscheinen und damit die Möglichkeit von Kritik an ihnen und Widerstand gegen sie verdecken. In diesem Sinn verweist Machtkritik auf eine Erweiterung der Handlungsspielräume und also auf Freiheit, auch wenn diese stets in Machtverhältnisse eingelassen ist. Ob sich dieser normative Horizont allerdings auf philosophisch zufriedenstellende Weise ausweisen lässt oder ob er an die Kontingenzen von Machtverhältnissen und sozialen Kämpfen gebunden bleibt, ist weiterhin umstritten.

Die unterschiedlichen machttheoretischen Positionen, die wir bisher kennengelernt haben, lassen sich wie folgt abbilden (vgl. Strecker 2012, S. 106):

theoretische Perspektive / Machtfunktion	akteurszentriert	strukturzentriert
repressiv	Entscheidungsmacht (Hobbes, Weber)	strukturelle Macht, Ideologie (Marx, Lukes)
konstitutiv	Ermächtigung, gesellschaftliche Handlungsfähigkeit (Arendt)	produktive Macht (Foucault, Butler)

So wie die unterschiedlichen Dimensionen von Macht komplementär sind und einander nicht ausschließen, muss ein komplexer Machtbegriff auch die unbefriedigende Alternative zwischen Macht als Ermöglichung und als Behinderung von Freiheit überwinden. Macht ist nie rein repressiv, sondern lässt den Subjekten immer ein gewisses Maß an Freiheit und die Möglichkeit zum Widerstand. Zudem wirkt sie produktiv, indem sie das ‹freie Subjekt› zumindest mitkonstituiert. Doch darf Macht auch nicht mit Freiheit identifiziert werden, denn viele Machtverhältnisse sind asymmetrisch und beschränken Freiheit und Handlungsfähigkeit auf effektive Weise. Einem entsprechend komplexen Machtbegriff nähert sich Foucaults Analyse. Allerdings wirft diese ein anderes grundlegendes Problem auf, da sie normativen Fragen nach einem Maßstab aus dem Weg geht, der es erlauben würde, zwischen mehr und weniger problematischen Machtverhältnissen zu unterscheiden. Damit lässt sie offen, worauf genau die Kritik von Machtverhältnissen jenseits der Analyse ihrer spezifischen Funktionsweise eigentlich abzielt.

Sozialphilosophisch interessant ist vor diesem Hintergrund gerade das Wechselspiel von Ermöglichung und Beschränkung von Freiheit, also «die eigentümliche Dialektik der Macht, die sich aus dem Widerspruch zwischen ihrer asymmetrisch-hierarchischen Verfassung [Hobbes, Weber] und ihrer symmetrisch-konsensuellen Bedingung [Arendt] ergibt» (Fink-Eitel 1992, S. 43). Eine der Komplexität von Machtverhältnissen angemessene Kritik der Macht muss demnach doppelt verfahren: Sie muss einerseits herrschaftstheoretisch danach fragen, inwiefern vor allem asymmetrische und mit Gewalt verbundene Formen von Macht individuelle und kollektive Freiheit blockieren. Andererseits muss sie mit Bezug auf die produktive Seite der Macht danach fragen, welche Spielräume den in Machtverhältnissen konstituierten Subjekten innerhalb dieser Verhältnisse offenstehen und wie sich diese Spielräume erweitern lassen (wie schwierig das ist, kann man sich am Beispiel von sexuellen Identitäten vor Augen führen, die gesellschaftlich als abweichend klassifiziert werden). Insofern Freiheit als Möglichkeit der aneignenden Transformation sozialer Verhältnisse gedacht wird und soziale Verhältnisse immer auch von Macht durchzogen sind, stehen individuelle und kollektive Freiheit zumindest in keinem prinzipiellen Gegensatz zu Machtverhältnissen. Zugleich können Machtverhältnisse aber in ihrer Rigidität und Asymmetrie die Möglichkeiten ihrer transformierenden Aneignung auf eine Weise unterminieren, die nicht anders denn als Form individueller und kollektiver Unfreiheit zu verstehen ist.

8. Ideologie

Warum akzeptieren Menschen soziale und politische Verhältnisse, die ihren eigenen «objektiven» Interessen entgegenstehen? Wie kann es sein, dass sich Subjekte frei fühlen, die faktisch Herrschaftsverhältnissen unterworfen sind? Situationen dieser Art sind es, die in der sozialphilosophischen Diskussion im Anschluss an Marx oft mithilfe des Begriffs der Ideologie erklärt werden: Wenn Menschen Ausbeutungs- und Herrschaftsverhältnisse als natürlich und alternativlos oder gar gerecht erfahren und beschreiben, dann liegt die Vermutung nahe, dass sie Opfer einer Ideologie sind. Dies kann etwa die Ideologie sein, dass in einer kapitalistischen Marktgesellschaft jede/r des eigenen Glückes Schmied ist oder dass es der Natur entspricht, wenn Männer über Frauen herrschen. Allerdings bringt der Begriff der Ideologie auch bestimmte Probleme mit sich. Ideologie ist, wie Terry Eagleton knapp bemerkt, «wie Mundgeruch immer das, was die anderen haben» (Eagleton 1991, S. 8). Daher stellt sich die Frage, auf der Grundlage welchen Wissens, von welcher Position aus und mit welchen praktischen Konsequenzen man die ideologische Verblendung der anderen diagnostiziert.

Drei Verständnisse von Ideologie

Bevor wir uns den Problemen des Ideologiebegriffs zuwenden, ist es allerdings hilfreich, verschiedene Verständnisse von Ideologie zu unterscheiden. In der sozialphilosophischen Diskussion wird zwischen deskriptiven, positiven und kritischen Verwendungsweisen des Begriffs «Ideologie» differenziert (Geuss 1981, S. 13 ff.). Rein *deskriptiv* meint Ideologie schlicht das Weltbild einer bestimmten Gruppe, das dieser einen Interpretationsrahmen zur Verfügung stellt, der es ihr erlaubt, sich in ihrem Handeln und im sozialen Raum zu orientieren. In diesem Sinn können Anthropologen etwa das Weltbild der deutschen Kleinbauern oder der Großstadthipster untersuchen, ohne damit schon zu suggerieren, dass mit diesem Weltbild etwas fundamental falsch wäre. Ein solcher deskriptiver Begriff von Ideologie findet sich auf einflussreiche Weise in der Wissenssoziologie von Karl Mannheim formuliert, der zufolge jedes Denken insofern ideologisch ist, als es Ausdruck der sozialen Position seiner Träger und damit sozial bedingt ist (Mannheim 1929). Intellektuelle etwa denken, wie sie denken, weil sie die soziale Position des Intellektuellen einnehmen.

Positiv wird der Ideologiebegriff verwendet, wenn damit die mobilisierende Kraft vor allem politischer Ideen hervorgehoben werden soll. So hat etwa Lenin den Sozialismus als Ideologie verstanden, die die Arbeiterklasse zur revolutionären Tat motivieren und ihr zur Orientierung im politischen Kampf unter der Leitung der Partei dienen soll.

Meist ist der Begriff der Ideologie – im Alltag wie in der Sozialphilosophie – jedoch pejorativ, also negativ wertend und damit *kritisch* gemeint. Allgemein gesprochen wird als Ideologie in diesem Sinn gewöhnlich ein in sich mehr oder weniger kohärentes und geschlossenes System von Überzeugungen bezeichnet, dem handlungsleitende Kraft zukommt und dem bescheinigt wird, die soziale Wirklichkeit – insbesondere Herrschaftsverhältnisse und gesellschaftliche Konflikte – zu verschleiern. Durch diese Verschleierung trägt es zur Reproduktion der herrschenden Ordnung bei. Eine Veränderung der sozialen Verhältnisse ist entsprechend erst zu erwarten, wenn die ideologische Verschleierung als solche erkannt ist. Aus diesem Grund sind vor allem in der marxistischen Tradition der Sozialphilosophie, etwa in der Kritischen Theorie der Frankfurter Schule, Emanzipation, Gesellschaftskritik und Ideologiekritik eng miteinander verbunden. Es ist dieser kritische Ideologiebegriff, der heute wieder eine wichtige Rolle in der Sozialphilosophie spielt und dem wir uns im Folgenden zuwenden. Dabei taucht das Problem der Ideologie in der gegenwärtigen Diskussion in auf den ersten Blick ganz unterschiedlichen Kontexten auf, etwa im

Kontext der epistemischen Ungerechtigkeit (Fricker 2007), des ontologischen Status von *gender* und *race* (Haslanger 2012) und der politischen Wirkungsmacht von Propaganda (Stanley 2015).

Bei Ideologien handelt es sich in der Tradition, die den Begriff in kritischer Absicht verwendet, nicht lediglich um unzusammenhängende Ideen, die jemand haben kann oder nicht. Ideologien unterscheiden sich von einer bloßen Täuschung oder auch einem z.B. von der herrschenden Klasse eingefädelten Betrug, wie er etwa auch in populären Verschwörungstheorien unterstellt wird: Denn sie sind strukturell in der sozialen Wirklichkeit verankert und können nicht mit Verweis auf die individuelle Psyche oder die Manipulation durch andere erklärt werden. Auch wenn es sich um Überzeugungssysteme handelt, sind Ideologien nicht auf Überzeugungen reduzierbar, denn sie prägen die Identitäten von Subjekten, wirken praktisch und sind ihrerseits Effekte einer bestimmten gesellschaftlichen Praxis. Sie stellen einen Deutungshorizont zur Verfügung, in dem wir uns und die gesellschaftlichen Verhältnisse verstehen, und beeinflussen die Art und Weise, in der wir uns in diesen bewegen.

Wo der Begriff der Ideologie kritisch verwendet wird, rückt man stets ins Zentrum, dass die von Ideologien geleistete Sinnstiftung und Wirklichkeitsdeutung notwendig mit einer kritikwürdigen Verkennung der sozialen Realität einhergeht. Ebenso wird betont, dass diese Verkennung funktional notwendig ist für die Aufrechterhaltung von Herrschaftsverhältnissen und die Verschleierung von sozialen Konflikten. Was aber heißt es, Ideologien diese funktionale Notwendigkeit zuzuschreiben? Ideologien verstellen den Akteuren den Blick auf ihre eigene Situation und ihre «eigentlichen» Interessen, die mit dem Status quo im Widerspruch stehen. Weil die Akteure den Status quo nicht als problematisch begreifen, stellen sie ihn nicht infrage, und weil sie ihn nicht infrage stellen, wird er mehr oder weniger konfliktfrei reproduziert. Da kritikwürdige soziale Verhältnisse – etwa Verhältnisse, die durch massive Ungerechtigkeit und Ausbeutung gekennzeichnet sind – auch weitgehend ohne den Einsatz von Gewalt von den Betroffenen akzeptiert werden, muss diese

Akzeptanz irgendwie erklärt werden. Und die Ideologietheorie bietet eben eine solche Erklärung an (vgl. Rosen 1996).

Geschichtlich geht die kritische Verwendung des Ideologiebegriffs auf das äußerst einflussreiche Werk *Die deutsche Ideologie* von Marx und Engels zurück. Ideologie wird von ihnen verstanden als notwendig falsches Bewusstsein, als ein Bewusstsein also, das erstens *falsch* ist (und nicht einfach moralisch kritikwürdig) und zweitens aus strukturellen Gründen, eben objektiv *notwendig*, falsch ist (und nicht zufällig oder aufgrund eines kognitiven «Fehlers»). Die Notwendigkeit ergibt sich dabei sowohl aus der Verankerung in der materiellen Basis der ökonomischen Kräfteverhältnisse – Ideologien reflektieren die soziale Wirklichkeit – als auch aus der legitimierenden Funktion, die Ideologien erfüllen, indem sie z.B. zu einer «verkehrten» Auffassung der sozialen Realität führen oder die partikularen Interessen einer Klasse als die Allgemeininteressen der gesamten Gesellschaft erscheinen lassen: «Die Gedanken der herrschenden Klasse sind in jeder Epoche die herrschenden Gedanken, d.h. die Klasse, welche die herrschende materielle Macht der Gesellschaft ist, ist zugleich ihre herrschende geistige Macht.» Das darf jedoch nicht als eine Art Verschwörungstheorie verstanden werden, denn zugleich gilt: «Die herrschenden Gedanken sind weiter Nichts als der ideelle Ausdruck der herrschenden materiellen Verhältnisse, die als Gedanken gefaßten herrschenden materiellen Verhältnisse.» (Marx/Engels 1845/46, S. 46)

Dieser kritische Ideologiebegriff wird von den Autoren der Frankfurter Schule, vor allem von Adorno, noch weiter radikalisiert, indem sie Ideologien zuschreiben, dass sie bis ins Innerste der Subjekte hineinreichen: Nicht nur ist das Proletariat in einem umfassenden Verblendungszusammenhang gefangen, der die Reproduktion der bestehenden Verhältnisse absichert. Die Subjekte sind allesamt so tief greifend bis in ihre psychischen und körperlichen Regungen hinein geprägt, dass sich in ihnen keinerlei Widerstand mehr gegen die Herrschaftsverhältnisse regt. Dies kommt etwa in Adornos Beschreibung der abstumpfenden, entmündigenden und normierenden Effekte zum

Ausdruck, die die Kulturindustrie auf die Subjekte habe: «Das Existieren im Spätkapitalismus ist ein dauernder Initiationsritus. Jeder muß zeigen, daß er sich ohne Rest mit der Macht identifiziert, von der er geschlagen wird. [...] Die intimsten Reaktionen der Menschen sind ihnen selbst gegenüber so vollkommen verdinglicht, daß die Idee des ihnen Eigentümlichen nur in äußerster Abstraktheit noch fortbesteht: personality bedeutet ihnen kaum mehr etwas anderes als blendend weiße Zähne und Freiheit von Achselschweiß und Emotionen.» (Horkheimer/Adorno 1947, S. 162, 176; vgl. Adorno 1954, S. 457)

Drei Dimensionen der Falschheit von Ideologien

Um zu einem adäquaten Verständnis des kritischen Ideologiebegriffs zu gelangen, ist es hilfreich, mit Raymond Geuss drei Hinsichten zu unterscheiden, in denen Ideologien als praktisch wirksame Bewusstseinsformen falsch und daher kritikwürdig sein können, nämlich mit Bezug auf ihre epistemischen, funktionalen und genetischen Eigenschaften (Geuss 1981, S. 22 ff.). In *epistemischer* Hinsicht falsch sind Ideologien aufgrund eines Irrtums über den epistemischen Status der Überzeugungen, die sie ausmachen. Hierbei kann man insbesondere an die Naturalisierung eigentlich sozialer Verhältnisse denken: Etwas gesellschaftlich «Gemachtes», etwa das Geschlechterverhältnis, wird als natürlich bzw. unhintergehbar «Gegebenes» vorgestellt, oder ein eigentlich soziales Phänomen wie etwa Armut oder Ausbeutung wird als unveränderbar begriffen, da es z. B. aus der egoistischen Natur des Menschen folge. Auch die Verwechslung von partikularen und allgemeinen Interessen ist weit verbreitet; man denke an Fälle, in denen es den privilegierten Schichten gelingt, ihre eigenen Interessen als identisch oder zumindest kompatibel mit dem Gemeinwohl auszugeben («Ein niedriger Spitzensteuersatz kommt allen zugute!»).

In *funktionaler* Hinsicht können Ideologien falsch sein, indem sie dazu beitragen, kritikwürdige soziale Verhältnisse zu legitimieren und zu stabilisieren, soziale Widersprüche zu verschleiern und damit gesellschaftliche Konflikte zu befrieden. Ein

Beispiel hierfür wäre die Verdeckung struktureller sozialer Ungleichheiten durch die Vorstellung einer bereits realisierten Chancengleichheit.

In *genetischer* Hinsicht schließlich – also mit Bezug auf ihre Entstehung und ihre soziale Herkunft – handelt es sich bei Ideologien um kollektive Rationalisierungen: Die Gründe und Motive, aus denen bestimmte Überzeugungen sozial verbreitet sind, können nur unter Zwangsbedingungen wirksam geworden sein. Unter Bedingungen der Freiheit hingegen hätten die Betroffenen diese Überzeugungen nicht erworben. So könnte man etwa argumentieren, dass Menschen nur in einer patriarchalischen Gesellschaft auf die Idee kommen, Frauen seien für eine akademische Karriere weniger geeignet als Männer.

Diese verschiedenen Aspekte der Falschheit fasst Geuss wie folgt zusammen: «Der Ausdruck ‹Ideologie› wird also im abwertenden Sinn benutzt, um eine Bewußtseinsform zu kritisieren, weil sie falsche Überzeugungen enthält, weil sie eine tadelnswerte Funktion hat, oder weil sie von zweifelhafter Herkunft ist.» (Ebd., S. 31)

Probleme und Alternativen des Ideologiebegriffs

Der kritische Begriff der Ideologie ist allerdings, vor allem in seinem totalisierenden Gebrauch, wie er etwa bei Adorno anklingt, alles andere als unumstritten. Die mit ihm verbundenen Unterscheidungen von falschem und wahrem Bewusstsein, von Ideologie und wissenschaftlicher Einsicht sowie von wahren («objektiven») und falschen («rein subjektiven») Interessen und Bedürfnissen erscheinen vielen als problematisch: Von welchem Standpunkt aus lässt sich die ideologische Verblendung diagnostizieren? Und wer, wenn nicht die Betroffenen selbst, soll in der Praxis bestimmen, welche Bedürfnisse und Interessen wahr und welche falsch sind? Impliziert die Rede von Ideologie und falschem Bewusstsein nicht ein zutiefst asymmetrisches Verhältnis zwischen der ideologiefreien und wissenschaftlich informierten Position des Ideologiekritikers und jener der anderen, *über* die gesprochen wird, die eher Objekte als Adressaten oder gar

Gesprächspartner des ideologiekritischen Diskurses sind (vgl. Celikates 2009, S. 17ff.)?

Des Weiteren ist ein allzu kognitivistisches – also auf Überzeugungen fokussiertes – Verständnis von Ideologie in die Kritik geraten, weil es den Zusammenhang von Überzeugungen, habitualisierten Einstellungen und kulturellen Praktiken nicht adäquat berücksichtigt. Aus genau diesen Gründen haben Autoren wie Foucault und Bourdieu den Begriff der Ideologie fallengelassen und sprechen stattdessen von Praktiken und Diskursen sowie symbolischer Macht und ihrer Verkörperung (Foucault 1973; Bourdieu 1980, Kap. 8).

Als weitere Alternative zum Ideologiebegriff wird manchmal auch der Begriff der Hegemonie gebraucht: Darunter versteht man die Vorherrschaft einer gesellschaftlichen Kraft (etwa einer Klasse oder sonstigen Gruppe) oder einer Sinnformation (einer Ideologie im weiteren Sinne), insofern diese Vorherrschaft nicht bzw. nicht allein durch Zwang etabliert und reproduziert wird, sondern zumindest auch kulturell-politisch und ideologisch vermittelt durch die Zustimmung oder den «Legitimitätsglauben» (Max Weber) der Beherrschten. In einer marxistischen Perspektive erlaubt die hegemoniale Stellung dem Akteur (etwa der Bourgeoisie), seine eigenen partikularen Interessen als allgemeine Interessen darzustellen. In Abgrenzung zu Herrschaft, die allein auf Autorität und Zwang beruht, beschreibt Antonio Gramsci Hegemonie als eine Art der (alltags-)kulturellen, moralischen und intellektuellen Führung, mit der soziale Klassen sich selbst eine einheitliche Identität verschaffen, das soziale Feld strukturieren und so ihre eigene Position gegen Angriffe der gegnerischen Klassen zu stabilisieren suchen (Gramsci 1948ff., 13. Heft, §§ 14, 17, 18). Hegemonie ist eine Folge der politischen Kräfteverhältnisse, die durch den ideologischen Kampf entscheidend beeinflusst werden, weil hier Interessen als gemeinsame Interessen artikuliert werden. Für den Begriff der Hegemonie ist die Verschränkung der kulturellen, politischen und ökonomischen Dimensionen von Herrschaft ebenso zentral wie jene von Praxis und Diskurs. Ähnlich wie im Fall der Ideologie muss man sich jedoch vor einer zu stark homogenisierenden

Verwendung dieser Kategorie hüten – Hegemonie ist kein einheitliches Gebilde, sondern besteht im Normalfall aus komplexen Netzen hegemonialer und gegenhegemonialer Akteure, Diskurse und Praktiken. Die Rede von «der Hegemonie» oder «der Ideologie» im Singular muss daher als unterkomplex erscheinen.

Die kritische Funktion des Ideologiebegriffs

Trotz der angeführten Schwierigkeiten mit dem kritischen Begriff der Ideologie ist es weder notwendig noch wünschenswert ihn aufzugeben. Die deskriptive Verwendung des Begriffs und eine allgemeine Theorie der Hegemonie entbehren des kritischen Stachels und tendieren dazu, jene asymmetrischen Herrschaftsverhältnisse zu ignorieren, deren Akzeptanz der kritische Ideologiebegriff gerade erklären soll. Entsprechend der Komplexität der Phänomene, die unter den Begriff der Ideologie fallen, muss allerdings auch die Ideologiekritik von vornherein als komplexes Unternehmen verstanden werden, in dem nicht einfach die Falschheit der Ideologie mit der Wahrheit der Ideologiekritik konfrontiert werden kann. Daher bietet sich eine Konzeption der Ideologiekritik an, die sich durch drei Merkmale kennzeichnen lässt: (1) Ideologiekritik setzt immanent an, (2) sie verfährt metakritisch, und (3) sie zielt auf die Diagnose, Kritik und Überwindung von Erfahrungs-, Reflexions- und Handlungsblockaden (vgl. Jaeggi 2009a). Dies soll im Folgenden erläutert werden:

(1) Ideologiekritik setzt immanent an, d.h. an den inneren Widersprüchen oder Selbstwidersprüchen einer sozialen und ideologischen Konstellation und an der Erfahrung der Betroffenen, die durch diese Widersprüche geprägt ist. Sie muss daher nicht von einer Position außerhalb der Herrschaftsverhältnisse aus operieren und legt auch keinen externen Maßstab (etwa wissenschaftliche Einsicht) an die soziale Realität an. Ideologiekritik grenzt sich damit insbesondere von moralisierender Kritik ab, da sie eine ideologische Bewusstseinsform nicht deswegen kritisiert, weil diese unmoralisch oder unethisch wäre,

sondern deshalb, weil es sich epistemisch, funktional und genetisch eben um eine Ideologie handelt. Dabei spielt wie gesagt die interne Widersprüchlichkeit der sozialen Realität und der Erfahrungen der Akteure eine wesentliche Rolle. So kann die institutionelle Realität einer Gesellschaft in sich widersprüchlich sein, insofern sie Ansprüche und Normen verkörpert, die einander widerstreiten und sich nicht widerspruchsfrei verwirklichen lassen oder die sich in ihrer Verwirklichung gegen ihre ursprünglichen Intentionen kehren. Und die Erfahrung der Akteure ist häufig so komplex, dass sich aus ihr heraus ein kritisches Bewusstsein und Praktiken des Widerstands entwickeln können. Hier kann man zum einen an Konstellationen etwa auf dem Arbeitsmarkt oder im BA-Studium denken, in denen Verantwortung gleichzeitig zugeschrieben und untergraben wird, Kreativität eingefordert und Konformität erzeugt wird, und zum anderen an Situationen, in denen es gerade die Unterdrückten und Marginalisierten sind, die eine kritische Perspektive auf die Gesellschaft gewinnen (vgl. Collins 1990). Anders als der bloße Aufweis eines Widerspruchs zwischen Wirklichkeit und Normen, der sich unter Umständen leicht beheben ließe, muss immanente Ideologiekritik jedoch am Nachweis der konstitutiven Funktion des Widerspruchs und der systematischen Gründe für diese Nichtübereinstimmung interessiert sein, also ausbuchstabieren, inwiefern der Widerspruch der bestehenden Gesellschaftsordnung eingeschrieben ist und sich eben nur «auflösen» läßt, wenn diese Ordnung selbst fundamental transformiert wird.

(2) Ideologiekritik verfährt metakritisch bzw. als Kritik zweiter Ordnung, insofern sie jene Mechanismen kritisiert, die dafür sorgen, dass etwa Herrschaftsverhältnisse als selbstverständlich oder nicht änderbar betrachtet werden, die also den Eindruck der Unhintergehbarkeit von sozialen Verhältnissen wie Selbstverhältnissen herstellen und damit Kritik verhindern. Mit Ideologien haben wir es daher nicht schon dann zu tun, wenn bestimmte Verhältnisse ungerecht oder ausbeuterisch sind, sondern erst dann, wenn derartige Verhältnisse nicht als ungerecht oder ausbeuterisch erfahren werden – oder wenn sie zwar intui-

tiv so empfunden, aber nicht erkannt, oder zwar erkannt, aber nicht adäquat interpretiert und artikuliert werden. Wenn Ideologien die Möglichkeit der Kritik eben dieser Ideologien sowie der problematischen Phänomene erster Ordnung, die von ihnen verdeckt werden, kaschieren, dann muss es das erste Ziel der Ideologiekritik sein, diese Blockaden der Kritik zu identifizieren und zu deren Auflösung beizutragen.

(3) Ideologiekritik zielt dementsprechend auf die Diagnose, Kritik und Überwindung von Erfahrungs-, Reflexions- und Handlungsblockaden. Sofern sie Verzerrungen im Selbst- und Weltverständnis von Individuen wie auch im Selbstverständnis von sozialen Entitäten aufdeckt, beruht sie auf einer «Hermeneutik des Verdachts», zu deren paradigmatischen Vertretern neben Marx und Nietzsche auch Sigmund Freud zu rechnen ist (Ricœur 1965; vgl. etwa Freud 1927). Jedoch muss sie sich zugleich auf das Selbstverständnis der Betroffenen beziehen, denn sie versucht, Erfahrungs- und Lernprozesse einzuleiten, die dann wiederum in eine Transformation jener sozialen Verhältnisse münden sollen, die der Ideologie offensichtlich bedürfen. Damit hält Ideologiekritik am Ziel der Emanzipation fest und rekonstruiert Ideologien als Blockaden sozialer Transformationsprozesse. Allerdings verfährt sie auf eine Weise, die immanent ansetzt, in der sozialen Praxis verankert ist und für eine Überprüfung in der Praxis offenbleibt. Sie verbindet «jene intellektuelle und schließlich praktische Anstrengung, die herrschenden Ideen, Handlungsweisen und gesellschaftlichen Verhältnisse nicht unreflektiert, rein gewohnheitsmäßig hinzunehmen», mit dem systematischen Anschluss an das real existierende «kritische Verhalten» der gesellschaftlichen Akteure, «das die Gesellschaft selbst zu seinem Gegenstand hat» und sich zum «bewußten Widerspruch» entwickeln kann (Horkheimer 1940, S. 344; 1937, S. 180f.).

9. Schluss: Sozialphilosophie und Sozialkritik

In den letzten beiden Kapiteln haben wir anhand der Themen Macht und Ideologie nachgezeichnet, wie eng der Zusammenhang zwischen einer sozialphilosophischen Perspektive und der Macht- und Ideologiekritik ist. Näher betrachtet zieht sich Kritik als durchgängiger Faden durch alle Kapitel dieser Einführung. Sozialphilosophie erscheint daher als wesentlich kritisches bzw. auf Kritik bezogenes Unternehmen. Was Kritik ist und wie man sie betreibt, ist dabei, wie wir sahen, allerdings nicht selbstverständlich. Und auch die Frage, wo die Maßstäbe der Kritik herkommen und ob Kritik eindeutig identifizierbarer Maßstäbe bedarf, um nicht willkürlich zu werden, ist nicht so einfach zu beantworten. In diesem Schlusskapitel möchten wir daher zwischen unterschiedlichen Formen von Gesellschaftskritik differenzieren und argumentieren, dass eine von ihnen – nämlich die immanente Kritik – am besten zu jenem Verständnis der Sozialphilosophie passt, das wir hier methodologisch und exemplarisch anhand grundlegender Probleme eingeführt haben.

Kritik üben oder Kritisch-Sein ist natürlich kein Alleinstellungsmerkmal der Sozialphilosophie. Als «kritisch» mag jedes Verhalten gelten, das richtig von falsch, haltbare von unhaltbaren Positionen unterscheidet. Was also ist Kritik, was tun wir, wenn wir kritisieren? Und was sind die Voraussetzungen von Kritik? Zunächst einmal lassen sich drei ganz allgemeine Bedingungen der Möglichkeit von Kritik nennen (vgl. Jaeggi 2013, S. 139 f.):

(1) Die erste von ihnen ist die Existenz eines Spielraums, also von alternativen Handlungs- und Entscheidungsmöglichkeiten. Was sich nicht ändern lässt, kann man nicht kritisieren – das Wetter kann man schlecht finden, aber nicht zum Gegenstand einer sinnvollen Kritik machen. Kritisierbar ist von Menschen

Gemachtes, das auch von Menschen geändert werden kann. Nur wo *gehandelt* wird (oder wo gehandelt worden ist) und dabei so oder auch anders gehandelt werden kann (oder konnte), kann etwas angemessen oder unangemessen, richtig oder falsch sein und entsprechend kritisiert werden. Aus genau diesem Grund ist die Kritik der Naturalisierung sozialer Phänomene, also der Interpretation sozialer Prozesse als natürlicher Tatsachen, ein so zentraler Aspekt der Ideologiekritik.

(2) Kritik ist zudem eng mit *Normativität* verschränkt. Denn selbst alles das, was man ändern kann, ist nicht allein deshalb schon ein möglicher Gegenstand der Kritik. Das Kritisierte muss nicht nur änderbar, sondern auch in relevantem Sinne *falsch* sein. In welchem Sinn genau, ist dann eine Frage, die sich nur durch normative Argumente beantworten lässt. Denn diese Frage zielt nicht allein auf die Beschreibung, sondern auch auf die Bewertung von sozialen Sachverhalten, und Letztere ist noch stärker als Erstere mit unserem Selbstverständnis und den damit verbundenen normativen Festlegungen verbunden, die allerdings selbst wieder zum Gegenstand der Kritik werden können.

(3) Damit rückt die Frage nach den Standards oder *Maßstäben* der Kritik in den Fokus. Wer Kritik übt, muss dafür im Normalfall auch Gründe anführen können. Etwas einfach abzulehnen, ist noch kein Akt der Kritik. Wenn eine Person nur behauptet, die Universität sei ein Saftladen, übt sie damit noch nicht Kritik – sie muss auf Nachfrage schon dazu in der Lage sein auszuführen, warum das so ist, also etwa darauf hinweisen, dass man dort nichts, das Falsche oder auf falsche Weise lernt, und damit einen Maßstab richtigen Lernens ins Feld führen. Allerdings ist durchaus umstritten, ob alle Formen der Kritik bereits auf einen solchen Maßstab verweisen müssen oder ob es nicht doch möglich ist, begründete Kritik auf primär negative Weise, ohne Artikulation positiver Maßstäbe, Ideale oder Alternativen, zu üben.

Vor diesem Hintergrund besteht ein Grundproblem der Kritik darin, woher eigentlich die normativen Standards kommen, wie sie sich begründen lassen, welche Rolle die Theorie in dieser

Begründung spielt und wie groß ihre Reichweite ist. Auf diese Frage finden sich in der sozialphilosophischen Diskussion drei unterschiedliche Antworten oder Typen von Antworten, die dann auch zu drei unterschiedlichen Formen oder Modellen der Kritik führen: der externen, internen und immanenten Kritik (vgl. ebd., Teil III; Celikates 2009, Teil III).

Externe Kritik findet ihren Maßstab außerhalb des zu Kritisierenden. Ein Beispiel hierfür wäre eine Kritik, die sich auf universelle Prinzipien der Gerechtigkeit oder auf Menschenrechte beruft, die aus moralphilosophischer Perspektive begründet werden und deren Geltung unabhängig von der Anerkennung durch bestimmte Personen oder Gruppen ist. Ein anderes Beispiel wäre eine Kritik, die beansprucht, aufgrund von Einsichten in die Natur des Menschen wahre von falschen Bedürfnissen unterscheiden zu können, ohne hierfür die Betroffenen selbst konsultieren zu müssen. Externe Formen der Kritik sind mit einer ganzen Reihe von Problemen konfrontiert: Erstens ist unklar, welche Art von Wissen der externen Kritik zugrunde liegt. Es gibt keine unumstrittenen moralphilosophischen Normen oder Tatsachen über die menschliche Natur, die eine unproblematische und doch zugleich informative Basis abgeben könnten, wie sie die externe Kritik verlangt. Ein zweites Problem entsteht, wenn die Kritikerinnen beanspruchen, einen Standpunkt jenseits des Praxiszusammenhangs beziehen zu können, in den die anderen Akteure derart verstrickt sind, dass sie zu einer reflexiven Distanzierung und zur Erkenntnis ihrer eigenen Situation und Interessen nicht in der Lage sind: Dann stellt sich die Frage nach den potentiell entmündigenden, autoritären und paternalistischen Konsequenzen einer solchen Kritik, die von den Praktiken, Erfahrungen und Selbstverständnissen der Adressatinnen entkoppelt ist. Gerade aus der Perspektive der Sozialphilosophie ist das Modell der externen Kritik daher nicht überzeugend. Denn es abstrahiert von allem Sozialen und vernachlässigt die in der sozialen Realität eingelagerte Normativität zugunsten freistehend generierter moralischer Maßstäbe.

Aus diesen Gründen könnte man denken, dass das zweite Modell der Kritik, nämlich die *interne* Kritik, vorzuziehen wäre. Interne Kritik bezieht sich auf Situationen, in denen zum einen eine bestimmte Norm akzeptiert ist, zum anderen aber eine bestimmte Praxis existiert, die dieser Norm widerspricht oder sie nicht verwirklicht. Die Kritik zielt dann genau auf diese mangelnde Verwirklichung bzw. diesen Widerspruch zwischen Anspruch und Realität. Zur Illustration kann man sich eine Gemeinschaft vorstellen, die sich dem Ideal der (vielleicht religiös inspirierten) Nächstenliebe verpflichtet sieht, zugleich aber Asylbewerberinnen diskriminiert und auszuschließen versucht; oder einen Staat, der das rechtsstaatliche Prinzip der Gleichheit vor dem Gesetz anerkannt hat, in dessen Rechtspraxis aber dennoch vor allem Angehörige bestimmter unterprivilegierter Gruppen verurteilt werden. Angesichts solcher Fälle kann die interne Kritik zunächst auf den Zusammenhang zwischen Norm und Praxis hinweisen, dann deren Nichtübereinstimmung herausstellen und schließlich die Forderung einer Angleichung der Praxis an die Norm artikulieren.

Die Vorteile dieser Art von Kritik liegen auf der Hand: Da die fragliche Norm bereits anerkannt ist, können die Adressaten die Kritik schlecht von der Hand weisen. Die Theorie muss die Maßstäbe der Kritik auch nicht aufwendig begründen, sondern kann sie dem Selbstverständnis des kritisierten Kollektivs oder Individuums entnehmen. Sie entgeht damit dem genannten Problem der Asymmetrie und des Autoritarismus (vgl. Walzer 1987). Allerdings führt auch die interne Kritik in verschiedene Probleme. Normen bedürfen immer der Interpretation, und es wird auch innerhalb einer Gemeinschaft oft zu Konflikten zwischen unterschiedlichen Interpretationen kommen. Damit kehrt das Problem des Maßstabs zurück, denn wie soll man zwischen konkurrierenden Interpretationen entscheiden? Zugleich droht die interne Kritik in bloßen Konventionalismus zurückzufallen: Wenn allein die in einer Gesellschaft bereits anerkannten Normen als Grundlage der Kritik dienen können, dann ist Kritik auf einen recht eng abgesteckten und nicht weiter hinterfragten Rahmen beschränkt und tendiert dazu, konservativ statt transformativ zu sein. Aus sozialphilosophischer Perspektive erweist sich die interne Kritik damit als unterkomplex.

Aufgrund dieser Unzulänglichkeiten der internen wie der externen Kritik ist in der sozialphilosophischen Diskussion eine dritte Alternative entwickelt worden, die als *immanente* Kritik bezeichnet werden kann und im Zusammenhang mit der Ideologiekritik bereits in Ansätzen vorgestellt wurde (vgl. Geuss 1981; Jaeggi 2013, Teil III; Celikates 2009, Teil III; Stahl 2013). Dieses dritte Modell, das seinen Ursprung bei Hegel, seine Ausarbeitung bei Marx und seine Weiterentwicklung insbesondere in der Kritischen Theorie der Frankfurter Schule gefunden hat, erhebt den Anspruch, den internen Ausgangspunkt mit kontextübergreifender Geltung zu verbinden. Das Verfahren der immanenten Kritik setzt nicht bei den explizit proklamierten Werten oder Idealen «der Gemeinschaft» an, sondern bei der impliziten Normativität sozialer Praktiken und Institutionen. Es fokussiert dabei auf Normen, die konstitutiv für den infrage stehenden sozialen Zusammenhang sind. Gleichzeitig spielt, wie wir bereits gesehen haben, die innere Widersprüchlichkeit der Realität und der Normen selbst eine zentrale Rolle. Immanente Kritik misst nicht nur die Wirklichkeit an der Norm, sondern auch die Norm an der Wirklichkeit und zielt auf Veränderung beider Seiten. Darin liegt ihr transformativer Charakter, der über die Ermöglichung von Erfahrungs- und Lernprozessen auf gesellschaftliche Emanzipation hinarbeitet.

Drei Beispiele können dieser relativ abstrakten Bestimmung mehr Kontur verleihen. Wie wir gesehen haben, diagnostiziert Hegel der bürgerlichen Gesellschaft ein «sittliches Defizit», nämlich ihre innere Zerrissenheit und die daraus folgenden Destruktions- und Desintegrationsbewegungen. Er tut dies jedoch nicht anhand eines externen Maßstabs, sondern ausgehend vom Selbstverständnis dieser Gesellschaft und ihrer Unfähigkeit, auf die ihr eigene Krisenhaftigkeit adäquat zu reagieren. Der Widerspruch, der dieser Krisenhaftigkeit zugrunde liegt, existiert Hegel zufolge zwischen dem atomistischen Selbstverständnis der modernen Individuen und den realen Interdependenzen in der bürgerlichen Gesellschaft. Und es ist genau dieser Widerspruch, den Hegels immanente Kritik aufzeigt und normativ gegen die existierende Gesellschaftsform in Anschlag bringt.

Auch Marx' Kritik der kapitalistischen Gesellschaft kann als Beispiel für eine immanente Form der Kritik gelesen werden. Denn sie zeigt mit Blick auf den kapitalistischen Arbeitsmarkt, dass die im Selbstverständnis der bürgerlichen Gesellschaft verankerten und in ihrer sozialen Struktur implizierten Normen von allgemeiner Freiheit und Gleichheit durch die Praktiken und Strukturen genau dieser Gesellschaft unterminiert werden. Nicht nur das Selbstverständnis, auch wesentliche Institutionen der bürgerlichen Gesellschaft – der freie Markt, die freie Lohnarbeit und der zwischen Freien und rechtlich Gleichen geschlossene Arbeitsvertrag – beruhen auf (und generieren) jene Normen. Gleichzeitig werden Freiheit und Gleichheit durch Institutionen der bürgerlich-kapitalistischen Gesellschaft untergraben, sie sind also in dieser nicht oder nur unvollständig verwirklicht bzw. verwirklichbar. In einer kapitalistischen Gesellschaft gelten die Arbeitenden als frei und gleich, in der Realität aber sind sie unfrei und ungleich – und Marx zufolge lässt sich dieser Widerspruch im Rahmen der kapitalistischen Gesellschaftsordnung nicht auflösen. Seine Kritik hat also transformative, ja revolutionäre Implikationen, obwohl sie immanent ansetzt.

Drittens und schließlich wird in der neueren Diskussion danach gefragt, inwiefern bestimmte soziale Entwicklungen als widersprüchlich oder zumindest paradoxal gelten müssen: wenn etwa auf dem Arbeitsmarkt scheinbare Freiheitsgewinne in neue disziplinarische Diskurse individueller Eigenverantwortung umschlagen; oder wenn vormals dem Vokabular der Gesellschaftskritik zugesprochene Begriffe wie Autonomie und Authentizität in neoliberale Managementdiskurse Einzug halten (vgl. Hartmann/Honneth 2004; Boltanski/Chiapello 1999).

Insofern die Sozialphilosophie immanent verfährt, entwickelt sie die Maßstäbe ihrer kritischen Analyse in Reaktion auf die Probleme und Krisen, die in einem sozialen Zusammenhang aufkommen und von ihr diagnostiziert werden; und sie entwickelt sie aus den normativen Strukturen der für diesen Zusammenhang konstitutiven Praktiken und Institutionen. Dabei muss sie sich nicht an das faktische Selbstverständnis der Akteure binden, sondern geht vom wesentlichen Doppelcharakter von Krisen aus, der sich einerseits in objektiven Problemlagen und Fehlentwicklungen, andererseits in den Erfahrungen und dem Leiden der Akteure an sozialen Funktionsstörungen manifestiert (vgl. Benhabib 1986, Kap. 4; Renault 2010). Entfremdung und Anomie, die Erosion von Institutionen und Tendenzen der Entsolidarisierung sind vor diesem Hintergrund als unterschiedliche Facetten der Krisenhaftigkeit unserer Gegenwart zu verstehen, die der sozialphilosophischen Aufklärung bedürfen.

Die Konzeption einer immanenten Kritik ist damit aufs Engste verbunden mit der für die Sozialphilosophie als Ganze charakteristischen Idee einer Einheit von Analyse und Kritik: Immanente Kritik ist als Analyse Kritik (und nicht eine bloße Beschreibung des Bestehenden) und als Kritik Analyse (und nicht eine bloße Forderung an das Bestehende). Entsprechend verfährt sie, wie bereits beschrieben, im Gegensatz zu eher an Kant und Rawls orientierten idealen Ansätzen nicht auf freistehende Weise normativ, sondern ist auf eine spezifische Verbindung von philosophischer Reflexion und empirischer Sozialforschung angewiesen, auf die soziologische Analyse gesellschaftlicher (Fehl-)Entwicklungen und Krisen und die Verankerung in den realen Erfahrungen und Selbstverständnissen der Akteure. Nicht zuletzt aus diesem Grund muss sich auch die Sozialphilosophie stets von Neuem die methodologische Frage nach dem Verhältnis von philosophischem Begründungsdiskurs, soziologischer Erklärung und dem Selbstverständnis gesellschaftlicher Gruppen stellen. Und sie muss das Repertoire ihrer Grundbegriffe an den Krisen und Problemen des sozialen Kontextes schärfen, zu dessen Analyse und kritischer Reflexion sie einen wesentlichen Beitrag leisten kann.

Dank

Wir danken den Mitarbeiterinnen und Mitarbeitern, Tutorinnen und Tutoren sowie Studierenden am Lehrstuhl für Sozialphilosophie der Humboldt-Universität zu Berlin, insbesondere Lukas Kübler, Daniel Loick, Lea Prix, Selana Tzschiesche, und den Mitgliedern der «Social Philosophy Reading Group» an der Columbia University in New York, und dort vor allem Manuel Käppler, Fred Neuhouser und Bob Gooding-Williams, für ihre hilfreichen Kommentare zu Vorfassungen des Manuskripts.

Literaturverzeichnis

Adorno, Theodor W.: Beitrag zur Ideologienlehre (1954), in: Gesammelte Schriften, Bd. 8, Frankfurt a. M.: Suhrkamp 1997, S. 457–477.

Adorno, Theodor W.: Gesellschaft (1965), in: Gesammelte Schriften, Bd. 8, Frankfurt a. M.: Suhrkamp 1997, S. 9–19.

Adorno, Theodor W., u. a.: Der Positivismusstreit in der deutschen Soziologie, Neuwied: Luchterhand 1969.

Althusser, Louis: Über die Reproduktion. Ideologie und ideologische Staatsapparate, Hamburg: VSA 2012 (1969).

Anderson, Elizabeth: Value in Ethics and Economics, Cambridge/MA: Harvard University Press 1993.

Arendt, Hannah: Vita activa oder Vom tätigen Leben, München: Piper 1999 (1958 a).

Arendt, Hannah: Freiheit und Politik (1958 b), in: dies.: Zwischen Vergangenheit und Zukunft, München: Piper 1994, S. 201–226.

Arendt, Hannah: Über die Revolution, München: Piper 1994 (1963).

Arendt, Hannah: Macht und Gewalt, München: Piper 2003 (1970)

Bedorf, Thomas: Verkennende Anerkennung, Berlin: Suhrkamp 2010.

Bedorf, Thomas: Andere. Eine Einführung in die Sozialphilosophie, Bielefeld: Transcript 2011.

Benhabib, Seyla: Kritik, Norm, Utopie. Die normativen Grundlagen der kritischen Theorie, Frankfurt a. M.: Fischer 1992 (1986).

Benhabib, Seyla: Hegel, die Frauen und die Ironie (1991), in: dies.: Selbst im Kontext, Frankfurt a. M.: Suhrkamp 1995, S. 258–276.

Berlin, Isaiah: Zwei Freiheitsbegriffe (1958), in: ders.: Freiheit. Vier Versuche, Frankfurt a. M.: Fischer 1995, S. 197–256.

Bertram, Georg W./Robin Celikates: Towards a Conflict Theory of Recognition, in: European Journal of Philosophy, 23 (2015), 4, S. 838–861.

Boltanski, Luc/Ève Chiapello: Der neue Geist des Kapitalismus, Konstanz: UVK 2003 (1999).

Bourdieu, Pierre: Sozialer Sinn, Frankfurt a. M.: Suhrkamp 1987 (1980).

Brunkhorst, Hauke: Solidarität. Von der Bürgerfreundschaft zur globalen Rechtsgenossenschaft, Frankfurt a. M.: Suhrkamp 2002.

Butler, Judith: Körper von Gewicht, Frankfurt a. M.: Suhrkamp 1995 (1993).

Butler, Judith: Psyche der Macht. Das Subjekt der Unterwerfung, Frankfurt a. M.: Suhrkamp 2001 (1997).

Butler, Judith: Kritik der ethischen Gewalt, Frankfurt a. M.: Suhrkamp 2007 (2003).

Castoriadis, Cornelius: Gesellschaft als imaginäre Institution, Frankfurt a.M.: Suhrkamp 1984 (1975).

Celikates, Robin: Nicht versöhnt. Wo bleibt der Kampf im «Kampf um Anerkennung»?, in: Georg W. Bertram u.a. (Hg.): Socialité et reconnaissance, Paris: L'Harmattan 2007, S. 213–228.

Celikates, Robin: Kritik als soziale Praxis, Frankfurt a.M.: Campus 2009.

Collins, Patricia Hill: Black Feminist Thought, London: Routledge 2000 (1990).

Constant, Benjamin: Über die Freiheit der Alten im Vergleich zu der der Heutigen (1819), in: ders.: Politische Schriften, Werke, Bd. 4, Berlin: Propyläen 1972, S. 363–396.

de Beauvoir, Simone: Das andere Geschlecht, Reinbek: Rowohlt 2000 (1949).

Demirović, Alex: Der nonkonformistische Intellektuelle. Die Entwicklung der Kritischen Theorie zur Frankfurter Schule, Frankfurt a.M.: Suhrkamp 1999.

Detel, Wolfgang: Grundkurs Philosophie, Bd. 5: Philosophie des Sozialen, Stuttgart: Reclam 2007.

Dewey, John: Syllabus: Social Institutions and the Study of Morals (1923), in: Middle Works, Bd. 15, Carbondale: Southern Illinois University Press 1983, S. 230–373.

Dewey, John: Die Öffentlichkeit und ihre Probleme, Bodenheim: Philo 1996 (1927).

Du Bois, W. E. B.: Die Seelen der Schwarzen, Freiburg: orange-press 2003 (1903).

Durkheim, Émile: Über soziale Arbeitsteilung, Frankfurt a.M.: Suhrkamp 1988 (1893).

Durkheim, Émile: Die Regeln der soziologischen Methode, Frankfurt a.M.: Suhrkamp 1984 (1895).

Durkheim, Émile: Der Selbstmord, Frankfurt a.M.: Suhrkamp 1977 (1897).

Eagleton, Terry: Ideologie, Stuttgart: Metzler 2000 (1991).

Elster, Jon: The Cement of Society. A Study of Social Order, Cambridge: Cambridge University Press 1989.

Fanon, Frantz: Schwarze Haut, Weiße Masken, Wien: Turia + Kant 2013 (1952).

Ferrara, Alessandro: The Idea of a Social Philosophy, in: Constellations, 9 (2002), 3, S. 419–435.

Fichte, Johann Gottlieb: Grundlage des Naturrechts nach Principien der Wissenschaftslehre, Werke, Bd. 3, Berlin: de Gruyter 1971 (1796).

Fink-Eitel, Hinrich: Dialektik der Macht, in: Emil Angehrn u.a. (Hg.): Dialektischer Negativismus, Frankfurt a.M.: Suhrkamp 1992, S. 35–56.

Fischbach, Franck: Manifest für eine Sozialphilosophie, Bielefeld: Transcript 2016 (2009).

Foucault, Michel: Die Wahrheit und die juristischen Formen, Frankfurt a.M.: Suhrkamp 2003 (1973).

Foucault, Michel: Vorlesung vom 14. Januar 1976, in: Dits et écrits. Schriften, Bd. 3, Frankfurt a. M.: Suhrkamp 2003, S. 231–250.

Frankfurt, Harry: Freiheit und Selbstbestimmung, Berlin: Akademie 2001.

Fraser, Nancy: Fortunes of Feminism. From State-managed Capitalism to Neoliberal Crisis, London: Verso 2013.

Freud, Sigmund: Die Zukunft einer Illusion (1927), in: Gesammelte Werke, Bd. XIV, Frankfurt a. M.: Fischer 1999, S. 323–380.

Fricker, Miranda: Epistemic Injustice, Oxford: Oxford University Press 2007.

Fromm, Erich: Zum Gefühl der Ohnmacht (1937), in: Gesamtausgabe, Bd. 1, Stuttgart: DVA 1980.

Geuss, Raymond: Die Idee einer kritischen Theorie, Bodenheim: Athenäum 1988 (1981).

Geuss, Raymond: Auffassungen der Freiheit, in: Zeitschrift für philosophische Forschung, 49 (1995), S. 1–14.

Geuss, Raymond: Kritik der politischen Philosophie, Hamburg: Hamburger Edition 2011 (2008).

Giddens, Anthony: Die Konstitution der Gesellschaft, Frankfurt a. M.: Campus 1988 (1984).

Gramsci, Antonio: Gefängnishefte, 10 Bde., Hamburg: Argument 1991 ff. (1948 ff.).

Habermas, Jürgen: Technik und Wissenschaft als «Ideologie», Frankfurt a. M.: Suhrkamp 1968.

Habermas, Jürgen: Legitimationsprobleme im Spätkapitalismus, Frankfurt a. M.: Suhrkamp 1973.

Habermas, Jürgen: Theorie des kommunikativen Handelns, 2 Bde., Frankfurt a. M.: Suhrkamp 1981.

Hartmann, Martin/Axel Honneth: Paradoxien des Kapitalismus, in: Berliner Debatte Initial, 15 (2004), 1, S. 4–17.

Haslanger, Sally: Der Realität widerstehen. Soziale Konstruktion und Sozialkritik, Frankfurt a. M.: Suhrkamp 2012.

Hegel, Georg Wilhelm Friedrich: Phänomenologie des Geistes, Werke, Bd. 3, Frankfurt a. M.: Suhrkamp 1986 (1807).

Hegel, Georg Wilhelm Friedrich: Grundlinien der Philosophie des Rechts, Werke, Bd. 7, Frankfurt a. M.: Suhrkamp 1986 (1821).

Heidegger, Martin: Sein und Zeit, Tübingen: Niemeyer 1967 (1927).

Hobbes, Thomas: The Elements of Law, Natural and Politic, Oxford: Oxford University Press 1999 (1640).

Hobbes, Thomas: De Cive/Vom Bürger, Elemente der Philosophie 2/3, Hamburg: Meiner 1994 (1642).

Hollis, Martin: Soziales Handeln, Berlin: Akademie 1995 (1994).

Honneth, Axel: Kampf um Anerkennung. Zur moralischen Grammatik sozialer Konflikte, Frankfurt a. M.: Suhrkamp 2003 (1992).

Honneth, Axel: Pathologien des Sozialen. Tradition und Aktualität der Sozialphilosophie, in: ders. (Hg.): Pathologien des Sozialen, Frankfurt a. M.: Fischer 1994, S. 9–69.

Honneth, Axel: Das Recht der Freiheit. Grundriß einer demokratischen Sittlichkeit, Berlin: Suhrkamp 2011.

Honneth, Axel: Die Krankheiten der Gesellschaft. Annäherung an einen nahezu unmöglichen Begriff, in: WestEnd. Neue Zeitschrift für Sozialforschung, 11 (2014), 1, S. 45–60.

Honneth, Axel: Die Idee des Sozialismus, Berlin: Suhrkamp 2015.

Honneth, Axel (Hg.): Kommunitarismus, Frankfurt a. M.: Campus 1993.

Honneth, Axel/Nancy Fraser: Umverteilung oder Anerkennung?, Frankfurt a. M.: Suhrkamp 2003.

Horkheimer, Max: Die gegenwärtige Lage der Sozialphilosophie und die Aufgaben eines Instituts für Sozialforschung, in: Gesammelte Schriften, Bd. 3, Frankfurt a. M.: Fischer 1988 (1931), S. 20–35.

Horkheimer, Max: Traditionelle und kritische Theorie (1937), in: Gesammelte Schriften, Bd. 4, Frankfurt a. M.: Fischer 1988, S. 162–216.

Horkheimer, Max: Die gesellschaftliche Funktion der Philosophie (1940), in: Gesammelte Schriften, Bd. 4, Frankfurt a. M.: Fischer 1988, S. 332–351.

Horkheimer, Max/Theodor W. Adorno: Dialektik der Aufklärung. Philosophische Fragmente, Frankfurt a. M.: Fischer 2000 (1947).

Jaeggi, Rahel: Solidarity and Indifference, in: Philosophy and Medicine, 69 (2001), S. 287–308.

Jaeggi, Rahel: Entfremdung. Zur Aktualität eines sozialphilosophischen Problems, Berlin: Suhrkamp 2016 (2005).

Jaeggi, Rahel: Anerkennung und Unterwerfung: Zum Verhältnis von positiven und negativen Theorien der Intersubjektivität, http://www.philosophie.hu-berlin.de/institut/lehrbereiche/politik/jaeggi/mitarbeiter/jaeggi_rahel/anerkennungunterwerfung, 2006.

Jaeggi, Rahel: Was ist Ideologiekritik?, in: dies./Tilo Wesche (Hg.): Was ist Kritik?, Frankfurt a. M.: Suhrkamp 2009a, S. 266–295.

Jaeggi, Rahel: Was ist eine (gute) Institution?, in: Rainer Forst u. a. (Hg.): Sozialphilosophie und Kritik, Frankfurt a. M.: Suhrkamp 2009b, S. 528–544.

Jaeggi, Rahel: Kritik von Lebensformen, Berlin: Suhrkamp 2013.

Jaeschke, Walter: Hegel-Handbuch, Stuttgart: Metzler 2003.

Kierkegaard, Søren: Eine literarische Anzeige (1846), in: Gesammelte Werke, Abt. 17, Bd. 12, Düsseldorf: Grevenberg 1954, S. 89 f.

Kojève, Alexandre: Hegel. Eine Vergegenwärtigung seines Denkens, Frankfurt a. M.: Suhrkamp 1975 (1947).

Liebsch, Burkhard (Hg.): Sozialphilosophie, Freiburg: Alber 1999.

Loick, Daniel: Juridismus. Konturen einer kritischen Theorie des Rechts, Berlin: Suhrkamp 2017.

Luhmann, Niklas: Soziale Systeme. Grundriss einer allgemeinen Theorie, Frankfurt a. M.: Suhrkamp 2006 (1984).

Lukács, Georg: Geschichte und Klassenbewusstsein, Darmstadt: Luchterhand 1988 (1923).

Lukes, Steven: Individualism, Colchester: ECPR Press 2006 (1973).

Lukes, Steven: Power. A Radical View, Houndmills: Palgrave Macmillan 2005 (1974).

Mackenzie, Catriona/Natalie Stoljar (Hg.): Relational Autonomy. Feminist Perspectives on Autonomy, Agency and the Social Self, New York: Oxford University Press 2000.

Mannheim, Karl: Ideologie und Utopie, Frankfurt a. M.: Klostermann 1995 (1929).

Marcuse, Herbert: Der eindimensionale Mensch, Darmstadt/Neuwied: Luchterhand 1982 (1964).

Markell, Patchen: Bound by Recognition, Princeton: Princeton University Press 2003.

Marx, Karl: Ökonomisch-philosophische Manuskripte (1844 a), in: Marx-Engels-Werke, Erg.bd. 1, Berlin: Dietz 1968, S. 510–522.

Marx, Karl: Zur Judenfrage (1844 b), in: Marx-Engels-Werke, Bd. 1, Berlin: Dietz 1976, S. 347–377.

Marx, Karl: Der achtzehnte Brumaire des Louis Bonaparte (1852), Marx-Engels-Werke, Bd. 8, Berlin: Dietz 1972, S. 111–207.

Marx, Karl: Einleitung zur Kritik der Politischen Ökonomie (1857), Marx-Engels-Werke, Bd. 13, Berlin: Dietz 1971, S. 615–641.

Marx, Karl/Friedrich Engels: Die deutsche Ideologie (1845/46), Marx-Engels-Werke, Bd. 3, Berlin: Dietz 1969.

Mead, George Herbert: Geist, Identität und Gesellschaft, Frankfurt a. M.: Suhrkamp 1991 (1934).

Menke, Christoph: Kritik der Rechte, Berlin: Suhrkamp 2015.

Merton, Robert K.: The Unanticipated Consequences of Purposive Social Action, in: American Sociological Review, 1 (1936), 6, S. 894–904.

Merton, Robert K.: Soziologische Theorie und soziale Struktur, Berlin: de Gruyter 1998 (1949).

Mill, John Stuart: Zur Logik der Moralwissenschaften, Frankfurt a. M.: Klostermann 1997 (1843).

Mills, Charles: The Racial Contract, Ithaca: Cornell University Press 1997.

Neuhouser, Frederick: Foundations of Hegel's Social Theory, Cambridge/MA: Harvard University Press 2000.

Neuhouser, Frederick: Pathologien der Selbstliebe. Freiheit und Anerkennung bei Rousseau, Berlin: Suhrkamp 2012 (2008).

Neuhouser, Frederick: Three Conceptions of Social Pathology, unveröff. Ms. 2014.

Nietzsche, Friedrich: Jenseits von Gut und Böse/Zur Genealogie der Moral, Kritische Studienausgabe, Bd. 5, München: dtv 1999 (1886/87).

Pettit, Philip: Defining and Defending Social Holism, in: Philosophical Explorations, 1 (1998), 3, S. 169–184.

Pippin, Robert B.: Die Verwirklichung der Freiheit. Der Idealismus als Diskurs der Moderne, Frankfurt a. M.: Campus 2005.

Plessner, Helmuth: Die Grenzen der Gemeinschaft, Frankfurt a. M.: Suhrkamp 2002 (1924).

Pollmann, Arnd: Integrität. Aufnahme einer sozialphilosophischen Personalie, Bielefeld: Transcript 2005.

Radin, Margaret Jane: Contested Commodities, Cambridge/MA: Harvard University Press 2001.

Rawls, John: Eine Theorie der Gerechtigkeit, Frankfurt a. M.: Suhrkamp 1979 (1971).

Renault, Emmanuel: A Critical Theory of Social Suffering, in: Critical Horizons, 11 (2010), S. 221–241.

Ricœur, Paul: Die Interpretation. Ein Versuch über Freud, Frankfurt a. M.: Suhrkamp 1974 (1965).

Riedel, Manfred: Hegels Begriff der bürgerlichen Gesellschaft und das Problem seines geschichtlichen Ursprungs, in: ders. (Hg.): Materialien zu Hegels Rechtsphilosophie, Bd. 2, Frankfurt a. M.: Suhrkamp 1975, S. 247–276.

Risjord, Mark: Philosophy of Social Science, London: Routledge 2014.

Rosa, Hartmut: Beschleunigung und Entfremdung, Berlin: Suhrkamp 2013.

Rosen, Michael: On Voluntary Servitude, Cambridge/MA: Harvard University Press 1996.

Rössler, Beate: Sinnvolle Arbeit und Autonomie, in: Deutsche Zeitschrift für Philosophie, 60 (2012), 4, S. 513–534.

Rousseau, Jean-Jacques: Diskurs über die Ungleichheit, Paderborn: UTB 2001 (1755).

Saar, Martin: Genealogie als Kritik, Frankfurt a. M.: Campus 2007.

Saar, Martin: Macht und Kritik, in: Rainer Forst u. a. (Hg.): Sozialphilosophie und Kritik, Frankfurt a. M.: Suhrkamp 2009, S. 567–587.

Sandel, Michael: Die verfahrensrechtliche Republik und das ungebundene Selbst, in: Axel Honneth (Hg.): Kommunitarismus, Frankfurt a. M.: Campus 1993 (1984), S. 18–35.

Sartre, Jean-Paul: Das Sein und das Nichts, Reinbek: Rowohlt 1991 (1943).

Sartre, Jean-Paul: Kritik der dialektischen Vernunft, Reinbek: Rowohlt 1978 (1960).

Schloßberger, Matthias: Philosophische Anthropologie als normative Gesellschaftstheorie, in: Internationales Jahrbuch für philosophische Anthropologie, Bd. 4, Berlin: Akademie 2014, S. 187–202.

Schmid, Hans Bernhard/David P. Schweikard (Hg.): Kollektive Intentionalität. Eine Debatte über die Grundlagen des Sozialen, Frankfurt a. M.: Suhrkamp 2009.

Schmidt am Busch, Hans-Christoph/Christopher F. Zurn (Hg.): Anerkennung, Berlin: Akademie 2009.

Searle, John: Die Konstruktion der gesellschaftlichen Wirklichkeit, Berlin: Suhrkamp 2011 (1995).

Sen, Amartya: Ökonomie für den Menschen, München: Hanser 2002 (1999).

Sennett, Richard: Der flexible Mensch. Die Kultur des neuen Kapitalismus, Berlin: Berlin-Verlag 2006 (1998).

Shelby, Tommie: Whe Wo Are Dark. The Philosophical Foundations of Black Solidarity, Cambridge/MA: Harvard University Press 2007.

Siep, Ludwig: Anerkennung als Prinzip der praktischen Philosophie, Hamburg: Meiner 2014 (1979).

Simmel, Georg: Der Begriff und die Tragödie der Kultur (1911), in: Gesamtausgabe, Bd. 12, Frankfurt a. M.: Suhrkamp 2001, S. 194–223.

Simmel, Georg: Das Gebiet der Soziologie (1917), in: ders.: Individualismus der modernen Zeit, Frankfurt a. M.: Suhrkamp 2008, S. 7–30.

Smith, Adam: Der Wohlstand der Nationen, München: dtv 1999 (1776).

Smith, Nicholas H./Jean-Philippe Deranty (Hg.): New Philosophies of Labour, Leiden: Brill 2012.

Stahl, Titus: Immanente Kritik. Elemente einer Theorie sozialer Praktiken, Frankfurt a. M.: Campus 2013.

Stalder, Felix: Digitale Solidarität, Berlin: Rosa-Luxemburg-Stiftung 2013.

Stanley, Jason: How Propaganda Works, Princeton: Princeton University Press 2015.

Strecker, David: Logik der Macht. Zum Ort der Kritik zwischen Theorie und Praxis, Weilerswist: Velbrück 2012.

Taylor, Charles: Was ist menschliches Handeln? (1977), in: ders.: Negative Freiheit? Zur Kritik des neuzeitlichen Individualismus, Frankfurt a. M.: Suhrkamp 1992, S. 9–51.

Taylor, Charles: Der Irrtum der negativen Freiheit (1979), in: ders.: Negative Freiheit? Zur Kritik des neuzeitlichen Individualismus, Frankfurt a. M.: Suhrkamp 1992, S. 118–144.

Taylor, Charles: Multikulturalismus und die Politik der Anerkennung, Frankfurt a. M.: Suhrkamp 2009 (1992).

Taylor, Charles: Philosophical Arguments, Cambridge/MA: Harvard University Press 1995.

Theunissen, Michael: Der Andere. Studien zur Sozialontologie der Gegenwart, Berlin: de Gruyter 1977.

Theunissen, Michael: Selbstverwirklichung und Allgemeinheit. Zur Kritik des gegenwärtigen Bewusstseins, Berlin: de Gruyter 1982.

Theunissen, Michael: Das Selbst auf dem Grund der Verzweiflung, Frankfurt a. M.: Hain 1991.

Tönnies, Ferdinand: Gemeinschaft und Gesellschaft, Darmstadt: WBG 1991 (1887).

Vico, Giambattista: Prinzipien einer neuen Wissenschaft über die gemeinsame Natur der Völker, Hamburg: Meiner 1990 (1725/44).

Walzer, Michael: Kritik und Gemeinsinn. Drei Wege der Gesellschaftskritik, Frankfurt a. M.: Fischer 1993 (1987).

Weber, Max: Die protestantische Ethik und der Geist des Kapitalismus (1904/05), in: ders.: Gesammelte Aufsätze zur Religionssoziologie, Tübingen: Mohr (Siebeck) 1988, S. 17–206.

Weber, Max: Wirtschaft und Gesellschaft, Tübingen: Mohr (Siebeck) 1980 (1921).

Wildt, Andreas: Autonomie und Anerkennung, Stuttgart: Klett-Cotta 1982.
Young, Iris Marion: Justice and the Politics of Difference, Princeton: Princeton University Press 1990.

Personenregister